정명석, 그는 무죄無罪다.
왜?

무 죄
〈정명석, 그는 무죄다. 왜?〉

저　　자 | 류재복
책임편집 | 김수철
교　　정 | 권도연
마 케 팅 | 김유진, 김혜지

신고번호 | 제25100-2023-000110호

2쇄 인쇄 | 2024년 9월 5일
2쇄 발행 | 2024년 9월 5일
발 행 처 | 정경시사FOCUS

우편번호 | 08381
주　　소 | 서울시 구로구 디지털로271, 605호 (구로동, 벽산디지털밸리III)
전　　화 | 02-783-1214
팩　　스 | 02-786-1215
E-mail | rky5203@naver.com

ISBN 979-11-985659-1-4
값 : 18,000원

※ 잘못 만들어진 책은 구입하신 곳에서 교환해드립니다.

목 차

머리말
  - 한 사람을 죽이기 위한 거대한 조직과의 싸움에 도전 · · · · · 13

1. 정명석 목사, 그는 누구인가?
  - 정명석 목사, 그는 누구이며, 어떤 삶을 살아왔나 · · · · 20

2. 음모의 실체는 누구인가?
- 사건의 시작을 알리는 기자회견
  - 2022년 3월 16일 : 홍콩 고소인 A 기자회견 · · · · · · 45
  - 의문1. 고소인들의 고소시점 · · · · · · · · · · · · · · 48
  - 소환, 조사 그리고 구속
  - 2022년 7월 21일 : 1차 경찰 소환 조사 · · · · · · · · 53
  - 2022년 9월 29일 : 구속영장 청구 · · · · · · · · · · · 53
  - 구속영장 발부 · 55

3. 있을 수 없는 억울한 재판, 1심
- **1심 1차 공판** · **60**
  - 정명석 목사 변호인, 공소 사실 전면 부인 · · · · · · · 60

- 1심 2차 공판

- 변호인, 세뇌와 항거불능 전면 부인 · · · · · · · · · · · 64
- 세뇌란? · 65
- 항거불능이란? · 66
- 녹음파일의 증거 능력 여부 공방 · · · · · · · · · · 68
- 검찰측 고소인 증인 신청, 변호인 반대 · · · · · · · 69
- 녹음파일이 증거로 채택되려면? · · · · · · · · · · · 71

- 1심 3차 공판

- 변호인 PT, 공소장의 문제를 짚으며 세뇌·항거불능 반박 · · 78
- 변호인, 녹취록의 원본 여부 입증,
  재판부 직접 현장 검증 주장 · · · · · · · · · · · · · 83
- 왜, 현장 검증이 필요한가? · · · · · · · · · · · · · · 84

여론에 따라 기울어지는 오류 재판

- 2023년 2월 17일 : 방송금지가처분 신청 기각 · · · · · 89
- 왜 대응하지 않았나? · · · · · · · · · · · · · · · · · 89
- 넷플릭스의 영향 · · · · · · · · · · · · · · · · · · · 92

- 1심 4차 공판

- 홍콩 고소인 A의 남자친구 증인 출석 · · · · · · · · · 96

- 변호인, 결정적인 증거 : DNA 채취 조언은 왜 안했나? · · · 98
- 재판장, 돌연 구속기간 만기 내 종결하겠다는 일방적 의사 표명 · 100
- 변호인, 피고인 증인 신문 예정 – 증인 20여 명 신청 · 101
- 변호인, 헌법이 보장하는 무죄 추정 원칙이 준수되는 재판 요청 · 102
- 무죄 추정 원칙이란? · · · · · · · · · · · · · · · 103

2023년 12일 2인자 김지선 '정명석 목사의 범행 인정' · · · 105

1심 5차 공판
- 6명의 변호인 사임 & 증인 불출석 · · · · · · · · · · · 112
- 2023년 3월 13일 : 검·경 합동 200명 월명동 압수수색 · · · 116

1심 6차 공판
- 홍콩 고소인 A 증인 신문, 고소인 요청에 따라 비공개 진행 · · 120
- 핵심증거물인 '현장 녹음파일' 삭제로 현출 불가! · · · 120
- 홍콩 고소인 A의 법정 진술 · · · · · · · · · · · 126

1심 7차 공판
- 고소장과 상충하는 고소인 A, B의 증인신문 · · · · · · · 129
- 검찰, 고소인 C 강제추행, 무고로 추가 (병합) 기소 · · · · 132
- 검찰, 추가 혐의로 구속영장 청구 · · · · · · · · · · · 132

- 1심 2차 공판
    - 변호인, 세뇌와 항거불능 전면 부인 · · · · · · · · · · 64
    - 세뇌란? · 65
    - 항거불능이란? · · · · · · · · · · · · · · · · · · · 66
    - 녹음파일의 증거 능력 여부 공방 · · · · · · · · · · 68
    - 검찰측 고소인 증인 신청, 변호인 반대 · · · · · · · 69
    - 녹음파일이 증거로 채택되려면? · · · · · · · · · · · 71

- 1심 3차 공판
    - 변호인 PT, 공소장의 문제를 짚으며 세뇌·항거불능 반박 · · 78
    - 변호인, 녹취록의 원본 여부 입증,
      재판부 직접 현장 검증 주장 · · · · · · · · · · · · · 83
    - 왜, 현장 검증이 필요한가? · · · · · · · · · · · · · 84

여론에 따라 기울어지는 오류 재판
    - 2023년 2월 17일 : 방송금지가처분 신청 기각 · · · · · 89
    - 왜 대응하지 않았나? · · · · · · · · · · · · · · · · 89
    - 넷플릭스의 영향 · · · · · · · · · · · · · · · · · · 92

- 1심 4차 공판
    - 홍콩 고소인 A의 남자친구 증인 출석 · · · · · · · · · 96

- 변호인, 결정적인 증거 : DNA 채취 조언은 왜 안했나? · · · 98
- 재판장, 돌연 구속기간 만기 내 종결하겠다는 일방적 의사 표명 · 100
- 변호인, 피고인 증인 신문 예정 – 증인 20여 명 신청 · 101
- 변호인, 헌법이 보장하는 무죄 추정 원칙이 준수되는 재판 요청 · 102
- 무죄 추정 원칙이란? · · · · · · · · · · · · · · · · 103

2023년 12일 2인자 김지선 '정명석 목사의 범행 인정' · · · 105

1심 5차 공판
- 6명의 변호인 사임 & 증인 불출석 · · · · · · · · · · · 112
2023년 3월 13일 : 검·경 합동 200명 월명동 압수수색 · · · 116

1심 6차 공판
- 홍콩 고소인 A 증인 신문, 고소인 요청에 따라 비공개 진행 · · 120
- 핵심증거물인 '현장 녹음파일' 삭제로 현출 불가! · · · 120
- 홍콩 고소인 A의 법정 진술 · · · · · · · · · · · · · 126

1심 7차 공판
- 고소장과 상충하는 고소인 A, B의 증인신문 · · · · · · 129
검찰, 고소인 C 강제추행, 무고로 추가 (병합) 기소 · · · · 132
검찰, 추가 혐의로 구속영장 청구 · · · · · · · · · · · 132

1심 구속 만기 전에 구속영장 발부 여부 결정 · · · · · · 134

1심 8차 공판
- 변호인, 현장녹음 파일 등사 요청 주장 vs
  재판부, 변호인단 요청 거부· · · · · · · · · · · · · 135
  김지선 영장실질검사 후 구속· · · · · · · · · · · · 138

1심 9차 공판
- 변호인, 고소인 C에 대한 혐의 부인· · · · · · · · · · 141
- A 현장녹음 파일에 대한 검증, 비공개로 진행 · · · · · 142

1심 10차 공판
- 고소인 C가 제출한 현장녹음 파일에 대한 공방 · · · · 144
- 고소인 C : 비공개 신문 · · · · · · · · · · · · · · 145

억울한 재판, 이대로 계속 해야 하나?!
- 2023년 7월 18일 : '법관 기피' 신청, 재판 중단· · · · · 148

자발적으로 들고 일어난 신도들!
전국에 집회의 불이 타오르다!
- 2023년 7월 16일 보신각 1차 집회 · · · · · · · · · 155

- 2023년 7월 23일 보신각 2차 집회 · · · · · · · · · · 161
- 2023년 7월 29일 보신각 3차 집회 · · · · · · · · · · 164
- 이어지는 평화적 집회 · · · · · · · · · · · · · · · · · 149
- 2023년 10월 15일 여의도 광장 대(大)집회 · · · · · · · 173

1심 11차 공판(30년 구형)
- 최종적으로 기각된 법관 기피신청 · · · · · · · · · · 177
- 검찰, 상상을 뛰어넘은 30년 구형 · · · · · · · · · · 180
- 변호인측 최종변론 · · · · · · · · · · · · · · · · · · 185

1심 12차 공판(법관의 무지와 무능을 드러낸 징역 23년 선고)
- 재판부, 징역 23년 선고 - 손바닥으로 하늘을 가린 엉터리 선고 · · · 187

4. 공정성을 느끼는 2심 재판(보다 공정해진 2심 재판)
- 2심 1차 공판
- 수백 페이지에 달하는 항소이유서 · · · · · · · · · · 193
- 1심 때와는 달라진 법정의 풍경 · · · · · · · · · · · 195
  (교인들이 정명석 목사의 재판에 함께 자리 지켜)
- 항소심 재판의 시작(주요 쟁점 1~4) · · · · · · · · · 196

- 2심 2차 공판
    - 재판부, "녹음파일 등사(복사) 허용"·········· 201
    - 녹취파일 증거능력 유무에 대한 쌍방 논쟁······· 203
    (재판부, 재생시청의 절차 없으면 증거로 채택 불가)
    - 월명동 수련원 현장 검증 동영상 제출 ········ 207

- 2심 3차 공판
    - 정명석 목사 재판을 처음으로 직접 참관········ 210
    - 변호인측, 녹취파일의 조작·편집을 밝혀낼 의지가 있는가!·· 212
    - 판사의 녹취파일 감정에 대한 입장 ··········214
    (녹취파일의 증거 가치는 크지 않다)
    - 판사, 감정을 어떻게 진행할 것인가? ·········· 215
    (감정기관 2곳, 공감정 결정)
    - 녹취파일 탄핵 증거··················· 217
    - CD 형태의 증거들 및 현장검증 영상 ········· 219
    - 홍콩 고소인 A의 증인신문 신청············ 220
    - 항거불능의 변론에 대하여··············· 221
    - 재판부, 피고인 '보석'도 고려·············· 222

- 2심 4차 공판
    - 재판부, "공감정 취소" 결정··············· 224

- 현장검증 영상 시청 · · · · · · · · · · · · · · · · · · · 230
- 홍콩 고소인 A 증인신문 거절, 기타 증인 신청 · · · · 231
- 재판 직후, 참관했던 젊은 여성 신도들과의 인터뷰 · · 232
  ("정 목사님은 100% 무죄다!")

- 2심 5차 공판

- 항거불능 · 236
- 죽으면, 죽으리라! · · · · · · · · · · · · · · · · · · 238
  (호주 고소인 B에 관련된 변호인측 증인 출석)
- 검사 측, 기습적인 추가 서류 제출 · · · · · · · · · · · 240
- 국과수 감정인 증인신문 · · · · · · · · · · · · · · · · 240
- 선 넘은 검사의 변론 종결 요구 · · · · · · · · · · · · 246
- 재판부, 변호인 측 주장은 항거불능 탄핵 안돼 · · · · 250

5. 짜깁기 및 조작된 녹취파일

- 핵심 증거인 홍콩 고소인 A의 '녹취파일' · · · · · · · 253
- 교인들이 찾아낸 녹음파일 조작의 증거 · · · · · · · 255
- 녹취파일 등사 이후 변호인이 받은 공증 속기록 · · · 261
- 한국포렌식 연구소의 해시값 분석 · · · · · · · · · · 264
- USA Forensics. 11c의 녹취파일 감정 결과 · · · · · · 266

- 류재복 칼럼 "김도형 교수의 시사저널 인터뷰,

  사실인가? 가짜인가?" · · · · · · · · · · · · · · · 274

6. 2인자 김지선의 음모와 배신

- 서울의 봄과 2인자 · · · · · · · · · · · · · · · 278
- 김지선, 2인자로서의 행보들 · · · · · · · · · · · 280

  (2008년, 증인 출석을 거부하다)
- 김지선 "나는 1인자다" 스스로 자칭 · · · · · · · 281
- 김지선, 2022년 3월 12일 본색을 드러낸 전 세계 지도자 모임 · 282
- 이후 진행되는 음모들 · · · · · · · · · · · · · · 286
- 배신과 반란의 날! 김지선, 주님의 흰돌 교회 지도자 모임 · · 288
- 배신 선언, 그 이후 · · · · · · · · · · · · · · · 291
- 횡령, 부동산 투기 의혹 정점에 선 김지선 · · · · · · · 295
- 지금까지도 이어지는 선교회 내부의 갈등과 혼란 · · · 298
- 반(反) 선교회 활동가 K와의 커넥션 · · · · · · · · · 302

7. 정명석 목사를 '죄인'으로 만든 문제의 합의서

- '합의'는 곧 '죄'를 인정 · · · · · · · · · · · · · 312
- 정 목사는 무죄! '합의'는 용납 못해 · · · · · · · · 323

머리말

한 사람을 죽이기 위한
거대한 조직과의 싸움에 도전

내부 세력들에 의해 죽어야하는 정 목사, 그를 살리기 위해
내가 만난 JMS회원들, 그들은 순박한 민초들
징역 23년을 때린 법관의 만행에 분노를 느끼며

월명동 첫 방문 취재 중 만난 일본인들

지금 대한민국 종교계, 아니 사회적으로도 기독교복음선교회(세칭 JMS) 정명석 목사 사건에 이슈가 집중되고 있다. 정명석 목사 그는 2023년 12월 22일 1심 재판에서 23년의 중형을 선고받았다. 그의 죄명은 준강간죄, 정명석 목사의 노령의 나이를 고려하면 그는 종신형과 다름없는 아주 중한 중형을 선고 받은 것이다. 그는 검찰 구형 30년에 이어, 1심 판결에서 23년이

라는 대법원 양형위원회 양형기준마저 넘어선 故노태우 전 대통령의 국기문란죄 17년보다도 더한 23년을 때린 중형으로 대한민국 여론은 그런 비정상적 판결을 내린 대전지법 1심 재판부 나상훈 부장판사를 비판하고 있다.

사실 1심 재판 전 국내 무수 언론들은 정명석 목사에 대해 사실과 다른 편파적 보도를 무차별하게 쏟아냈다. 그러한 언론의 호도로 인해 바깥에서는 기독교복음선교회 회원들을 향해 "그들은 정명석 목사에게 세뇌되었다." 라고 믿고 있었고, 실제 검찰 공소장에도 그동안 미디어의 악의적 보도에 기반한 내용만이 기재돼 있었다.

그러나 저자가 만나 본 회원들 대부분은 "우리가 기독교복음선교회를 택한 이유는 다름 아닌 정명석 목사가 전해온 성경 말씀 덕분이다. 성경 말씀을 통해 그동안 여러 종파 교단에서 풀어주지 못한 하나님과 성경에 대한 의문이 풀리고 각 개인도 긍정적 변화를 이룬 신앙 체험을 통해 하나님, 예수님 앞에 온전한 신앙을 하게 됐다. 기성 기독교도 사상싸움으로 수많은 여러 종파로 나뉘어 있으면서도 우리를 포함한 신흥종교 몇몇을 타깃으로 온갖 음해와 공격을 하고 있다. 그럼에도 불구하고 우리는 기독교복음선교회에 다니는 길을 우리 스스로 택했다는 것을 우리는 자랑스럽게 진정으로 말씀드리고 싶다"고 취재 과정에서 저자에게 털어놓았다.

그들은 또 "현재 정 목사님의 사건은 저희 선교회를 탈퇴하여 지속적으로 선교회 음해 활동을 해온 반 JMS 활동가들이 악의적 언론플레이를 자행하고 있지만 우리는 올바른 목소리를 내고 선교회의 핵심인 말씀을 세상 가운데 담대하게 알리고자 계속 분투를 하고 있다"면서 "넷플릭스 <나는 신이다>, MBC <PD 수첩>과 <실화탐사대> 등 선교회에 대한 편파 방송과 정명석 목사의 재판으로 우리가 큰 어려움을 겪고 있다. 특히 <나는 신이다>는 돈과 권력에 눈이 멀어 선교회를 장악하고자 한 일명 '선교회 2인자' 김지선(선교회 예명:정조은, 현재 구속 수감 중)과 측근들이 개입된 것으로 추정되는 <나는 신이다> 방영 이후 쏟아진 편파 보도로 우리 회원들의 가정도 직격탄을 맞았다. 남편과 자녀들의 신앙이 흔들리고, 이로 인한 심한 가정불화가 터지면서 말로 표현할 수 없는 고통의 시간을 보냈다. 그러나 우리는 하나님이 주신 가정의 회복을 위해 매일 눈물로 철야 기도를 드리고 있다"고 말했다.

저자는 지난해 3월 초, 전혀 알지도 못하는 기독교복음선교회 관계자들이 찾아와 "정의와 진실의 편에 서서 보도하는 류재복 기자님으로 알고 찾아왔다, 우리 정명석 목사님에 대한 올바른 보도를 부탁드린다"고 하여 그들의 성전인 월명동을 최초로 방문하여 사실 취재해 1탄으로 <일관되게 '무죄' 주장하는 정명석 목사의 진실>을 보도했고 또 월명동을 2회 방문하여 <여론 재판 중단하고 공정하게 재판하라, 증거 없는 여론 재판 우리가 증인이다. 녹취파일 조작 의혹 공정재판 준수하라>라는 제목으로 제2탄 지면 보도를 한 바 있다. 그리고 그 외 서울시청 앞 광장과 여의도 광장에서 있었던 대규모 집회에도 참석하여 여러 편으로 보도를 했다.

그리고 지난 5월 30일에는 대전고등법원을 찾아가 정명석 목사 사건 항소심 3차 재판을 지켜보고 정경시사포커스에 보도를 했고 저자가 운영하는 유튜브 <정경시사포커스TV> 영상(4분 30초)에도 올린 바 있다. 내용인즉 1심 재판부의 23년 선고가 분명 잘못된 것임을 지적했고 현재 2심 재판부가 공정한 재판을 하고 있다는 현재 상황을 알린 것이다.

그리고 그간 1심 재판에서 검찰이 올린 증거들을 2심 재판부가 유죄 증거로 보기 어렵다는 판단이 흐르고 있음을 알린 것이다. 이렇게 2심 재판부가 증거재판주의에 철저히 나간다면 정 목사는 '무죄'가 가능할 수도 있음을 느꼈다. 이 영상은 2주 만에 2,500명의 조회수를 기록했고 근 80여 개의 댓글이 달리면서 저자에 대한 감사와 고마움을 표했다. 그러나 저자로서는 가감 없이 사실 그대로를 본대로 재판 참관기를 전달한 것이다.

수필가이자 시인인 저자는 이른바 '정명석의 여신도 성범죄' 사건을 취재하면서 현장에서 느낀 허(虛)와 실(實)을 밝히기로 마음먹고 졸작으로 이 책을 출간했다.

이 시간에도 삼복더위 속에 고생하고 있는 80세의 정명석 목사, '정의 필승'이라는 말처럼 항소심 재판에서 반드시 좋은 결과가 나올 것으로 저자는 믿고 있다.

시인인 정명석 목사가 쓴 시(존재다행)를 소개하며 글을 마친다.

존재다행

존재하면서 고통을 받는다는 것은 참으로 다행이다.
고통을 받다가 존재를 못 하게 되면 그때는 끝나는 것이다.
그러면 고통받은 보람도 없고 모두가
허사로 돌아가 헛 고통을 받은 것이다.
존재하면서 고통은 보람이다.

아무튼 저자는 이 책 속에서 정명석 목사 사건이 사실이 아닌 내부 세력들의 음모와 기획 조작으로 정 목사 죽이기를 위한 사건임을 만천하에 밝히는 바다. 그래서 정 목사는 무죄로 석방이 될 것임을 단언해 본다.

정 목사의 선한 모습처럼 선하고도 선한 마음과 몸가짐으로 열심히 신앙생활을 하고 있는 전국의 기독교복음선교회 회원들에게 격려를 드리며 부디 많은 독자가 이 책을 읽고 정명석 목사의 실체를 알아주기를 바란다.

끝으로 이 책이 나오기까지 저자의 취재에 적극 협조해 준 JMS관계자들에게 감사를 드린다.

2024. 8. 서울 구로동에서 저자 씀

01

정명석 목사
그는 누구인가

정명석 목사

그는 누구이며, 어떤 삶을 살아왔나?

기독교복음선교회 설립자이자, 세계 70개국에 수백 개 교회를 세운 세계적인 종교 지도자인 정명석 목사. 그러나 그는 지금 이단으로 낙인찍혀 대한민국 종교 역사에서 유래를 찾아볼 수 없을 정도로 극심한 핍박을 받고 있으며 현재는 성폭행범으로 몰려 수십 개월을 감옥 속에서 생활하고 있다. 그러나 아직도 그를 따르는 수많은 교인이 있다. 그들은 왜 무엇 때문에 정명석, 그를 따르고 있는 것인가?

"인생을 어떻게 살아야 하는가?"
어릴 때부터 인생에 대해 깊이 생각
혁신적인 말씀으로 대한민국 종교계를 휩쓸었다.
그러나 그는 이단으로 낙인찍혀 지금은
대한민국 종교 역사에서 극심한 핍박을 받고 있다.

정명석 목사는 1945년 3월 16일(음력 2월 3일) 충청남도 금산군 진산면 석막리에서 父친 정팔성과 母친 황길례 사이에서 6남 1녀 중 3남으로 태어났다.

어린 시절 지독하게 가난해서 하루하루 먹을 것을 걱정해야 했다. 또한 전쟁 직후였다 보니 시시때때로 끼니를 걸렀을 정도로 가난한 삶을 살았다. 그의 고향은 첩첩산중으로 주위에 이웃집이라고는 3가구 밖에 없는 외로운 곳이었다. 당시 살던 집은 150년이 되었다고 한다. 쓰러져가는 초가집이었고, 겨우 방 2칸에 9식구가 살려니 너무 비좁았다. 게다가 벼룩, 빈대, 이, 모기 등이 수시로 달라붙어 피를 빨며 괴롭혔고, 비가 오면 천장에서 물이 떨어지고, 바람이 불면 집이 흔들리니 편히 쉴 수도 없는 곳이었다.

그는 너무 가난해서 초등학교밖에 못 나왔고, 먹고 살기 위해 죽도록 농사 일을 해야 했기에, 어릴 때부터 인생에 대해 깊이 생각하게 되었다. 그는 항상 "나는 왜 태어났을까?" "나는 하필이면 왜 시골 가난한 집에서 태어났을까?" "인생을 어떻게 살아야 하는가?"를 생각했다.

물론 가난 속에서 누구나 한 번쯤 생각해볼 인생의 고민이겠지만, 그는 심각하게 이 문제를 두고 고민했다. 첩첩산중인 석막리에서 사실상 외부와 단절된 채 자라날 수밖에 없었고 집안 사정으로 인해 초등학교밖에 졸업하지 못했다. 물론 당시에 학교 다니는 것 자체가 무상이 아니었으므로 따로 월사금을 내야 했고 중학교에 진학하려 해도 따로 시험을 쳐야 했기 때문에 성적이 좋거나 장남이 아니면 초등학교만 졸업하고 나서는 부모의 일을 돕거나 취직하는 경우가 일반적이었다. 그러다가 어떤 남자의 "말세가 왔다, 하나님을 믿어라!"라는 외침을 듣고 주일학교에 나가게 된다.

대둔산 용문골에서 성경을 읽으며,
기도와 금식으로 수도 생활
성경 2000번 읽고,
궁금했던 성경 문제들 답을 찾게 돼

이때부터 정명석 목사는 신앙에 몰두하게 되었다. 이후 대둔산과 용문산 등지에서 수도 생활을 했다. 그는 수도 생활에서 항상 기도하고 금식을 많이 했으며 성경을 계속 읽었다. 성경만큼 어려운 책도 드물 것이다. 가장 많이 팔리는 책, 그러나 사 놓고 가장 안 읽는 책, 기독교인들조차도 성경 1독이 어려운데도 정명석 목사는 이때부터 성경을 읽기 시작하여 2000번 넘

대둔산에서 수도 생활 시의 정 목사

게 읽었다. 정 목사는 어딜 가나 성경을 가지고 다녔고, 시간 날 때마다 성경을 읽었다. 이때 선교회 교리가 나왔다고 한다. 그에게 있어서 삶의 유일한 희망은 오직 하나님, 예수님뿐이었다. 그 희망을 얻고자 하는 간절함으로 누가 시키지 않아도 그는 자나 깨나 성경을 읽고, 기도 생활을 열심히 해나갔다.

월남전에서도 한 손에는 총을, 한 손에는 성경을 들고 볼 정도로 성경에 빠져들었다. 그러나 성경을 읽을수록 의문도 같이 커졌다. 성경은 상식과 이성으로는 이해할 수 없는 내용이 너무 많았기 때문이다. 그런 궁금증을 풀고자 여러 목사와 부흥강사들을 찾아다니며 묻고 또 물었다. 그러나 돌아오는 것은 '믿음이 부족하다!'는 책망뿐이었다. 그래서 그는 스스로 이 문제를 풀기 위해 더욱 성경에 매달리게 되었다.

정 목사는 기성 신학을 하지 않았다. 기존 신학이 가르치던 문자 그대로 믿는 믿음, 무조건 믿으라는 식의 가르침에 만족할 수 없었기 때문이다. 그는 깊은 기도 중, "성경 속에 성경의 답이 있다"는 예수님의 가르침을 받고서 더욱 성경 읽기에 매진하여 그토록 궁금해하던 성경의 문제들의 답을 찾게 되었다. 성경의 문제를 푸니 신앙의 문제가 풀렸고, 덩달아 그가 괴로움 속에 고민하던 인생의 문제 또한 풀게 되었다. 훗날 그가 배운 성경을 가르치니 사람들이 그 가르침에 놀랄 수밖에 없었고, 수많은 사람이 그를 따르며 신앙과 인생을 배우기 시작했다.

**영적으로 깊이 들어가 예수님과 만남
천국과 지옥 등 영의 세계 체험
개인 문제를 떠나
가정과 민족, 세계를 위한 뜨거운 기도**

정명석, 그는 기도의 사람이다. 그의 삶을 짓누르던 인생의 고통 들은 그를 기도하는 사람으로 만들었다. 자신의 인생 문제를 아무도 들어 주지도, 해결해 주지도 못하니 하나님께 하소연을 했던 것이다.

그는 집념의 인간이었기에 미친 듯이 성경을 읽었던 것처럼, 기도 역시 응답을 받을 때까지 포기하지 않고 끝까지 했다. 하루, 이틀, 한 달, 일 년, 10년… 그는 끊임없이 기도를 했고, 때로는 70일까지도 금식하며 기도에 몰두했다. 기도는 하면 할수록 깊어진다. 처음에는 자신의 힘든 처지를 위해서 기도했으나, 영적으로 깊이 들어가니 그토록 보고 싶었던 예수님도 만나고, 천국과 지옥 등 영의 세계를 실감 나게 체험하게 되었다. 영적으로 보니 구원받지 못한 사람들의 영들이 너무도 처참한 환경 속에서 고통받고 있는 것을 보았고, 그들이 너무 불쌍하게 여겨졌다. 또한 그들을 구원하고자 하는 예수님의 뜨거운 심정도 받았다. 그래서 그의 기도는 개인의 문제를 떠나 가정과 민족 온 인류를 위한 기도로 바뀌었다. 더 깊은 기도를 위해 그는 집을 떠나 인적이 없는 조용한 산으로 들어갔고, 후에는 대둔산 바위 꼭대기에서 혹한의 눈보라와 추위를 맞으며 극적인 기도 생활을 이어갔다. 이때 그는 진정한 사랑을 그 자신 스스로 깨닫게 되었다.

정명석 목사는 누구보다도 예수님을 사랑하기 위해 몸부림을 쳤고, 그런 예수님이 가장 원하는 것이 생명을 구원하는 것이라는 것을 깨닫게 되었나. 시골에서 태어나 배운 것도 적고,

말주변도 없어 사람들에게 나선다는 것이 두려웠지만, 예수님이 가장 원하는 것을 해드리고 싶다는 마음 하나로 전도지를 짊어지고 이 동네, 저 동네 다니며 전도했다. 한 명 한 명 어렵게 말문을 떼며 시작했지만, 계속되는 노력에 그는 이내 전도의 전문가가 되었고 후에는 버스에서 외치고, 기차에서, 사람들이 모여드는 광장에서 담대히 외치며 많은 사람을 하나님께로 돌아오게 했다. 한창때는 1년이면 1만 명씩 전도하며 다녔으니 그가 얼마나 많은 곳을 다니며 복음을 전했을지 상상할 수 없다. 그는 복음을 전하며 다양한 사람들을 만나게 되었고, 그들의 인생 문제를 하나님의 말씀으로 풀어주었다. 때로는 육체가 불치의 병으로 고통받는 자들, 정신병으로 고통받는 자들을 기도로 고쳐주며 하나님이 자신을 통해서 행하시는 많은 표적을 보기도 했다. 그런 모든 표적은 하나님을 사랑하고, 생명을 진정으로 사랑할 때 능력이 나타났다.

20대 초반인 1966년,
젊은 나이에 월남전에 2번이나 참전
피비린내 나는 사지(死地)에서도
원수를 사랑하는 사랑과 평화의 전쟁 실현

월남전 파병 당시 정명석 목사(우측에서 3번째)

20대 초반인 1966년, 그는 젊은 나이에 월남전에 2번이나 참전하게 된다. 전쟁은 적을 죽여야지만 자신이 살 수 있는 잔인한 싸움이다. 이런 피비린내 나는 곳에서 정명석 목사는 역설적으로 원수를 사랑하는 사랑과 평화의 전쟁을 했다.

그는 적을 죽이지 않고 포로로 잡았다. 대표적으로 월남 정부 평정 사업을 결정적으로 지원한 결과가 된 49일간 치열하게 펼쳐졌던 홍길동 작전에서 그의 면모를 더욱 살펴볼 수 있다. 포로를 죽이지 않고 잡음으로 많은 첩보 정보를 얻어 귀순 25, 소화기 230, 공용화기 230, 공용화기 45의 전과를 획득하는데 결정적인 군공을 세운 것이다. 적을 포로로 잡는 것은 죽이는 것보다 더 힘들고 위험한 일이었다. 어느 때는 버튼 한 번만 누르면 수십 명씩 죽일 기회가 있었지만, 그들을 사랑으로 살려 주었다. 그때 사람들은 그의 행동이 위험하고, 어리석다고 했다. 그러나 그가 포로로 잡은 적이 가르쳐준 정보로, 누구보다 더 큰 전과를 세우기도 했다. 그리고 그가 적군의 생명을 귀하게 여기며 살려준 조건으로 하나님은 그와 부대원들의 생명을 수십 번도 넘는 죽음의 위기에서 지켜 주었다.

전쟁을 통해 그는 수많은 죽음을 목격하며 인생의 허무함을 깨달았다. 또한 그런 지독한 허무함 속에 역설적으로 살아있는 것이 얼마나 귀하고 소중한지를 깨달았다. 누구나 죽으면 육신은 한 줌 흙으로 돌아가니, 육신이 살아있는 동안 영원히 사는 영을 구원시키는 것이 얼마나 소중한지 깨달았다.

1970년 월남에서 돌아온 정명석 목사는 전쟁 후 받은 돈으로 150년 이상 묵은 토담집을 부수고 새집을 지은 후 "신앙 세계도 이와 같이 하라"는 깨달음을 얻고 자신이 다니던 석막교회를 교인들과 함께 몸부림쳐 재건축했다. 교회를 지으며 진 빚을 갚고자 사업을 시작했으나, 남에게 빌린 사업자금을 사기꾼에게 모두 빼앗기는 억울한 일을 당하기도 했다. 그 후, 경기도 광주에서 기도하는 기간을 보냈다. 특히 이곳에서는 40일 금식기도에 이어 30일 절식 기도로 70일간 특별한 영적 시간을 가졌다. 이 기간에 그동안 받은 진리에 대한 하늘의 뜻을 깨닫고 준비하였다. 이 기간은 먹을 것이 있는데 금식하기보다, 먹을 것이 없어서 굶은 기간이었다.

**길거리 노방 전도,
불쌍한 환자들 기도로 낫게 해주며 거지들과 생활**

**서울 신촌에서 대학생 제자들과 함께 1981년 3월,
기독교복음선교회(세칭 JMS[1])를 설립
이전에는 없던 말씀으로 젊은이들 몰려와**

1975년도에 다시 고향으로 내려가 부모님의 농사일을 도우며 대둔산과 다리골, 감람산 등을 다니며 기도 생활을 계속했다. 이때 거리 노방을 다니며 전도도 하고 불쌍한 환자들을 기도하여 낫게 해주며 거지들을 데려다 같이 생활하기도 했다. 그러면서 그동안 깨달은 진리를 사람들이 모두 쉽게 알 수 있도록

---

1 JMS라는 명칭은 Jesus Morning Star의 약자로, '주님의 광명한 새벽별'의 영어 명칭이다. 정명석 목사의 이니셜과 같은 언어유희적 요소를 반영하여, 과거에 선교회 회원들 사이에서 별칭으로 사용됐던 것이라고 한다. 그러나 김모씨를 중심으로 선교회를 반대하는 세력들이 마치 선교회가 선교회의 공식 명식인 셋처럼 프레임을 씌웠고, 아직도 많은 사람은 선교회가 선교회의 공식 명칭인 것으로 잘못 알고 있다.

도표로 그리는 작업을 했다. 시골, 도시 할 것 없이 복음을 전하면서 예수님의 행하심을 더욱 깨닫게 되었고 6천 년 동안 말 못할 하늘의 심정도 알게 되었다. 그래서 성경의 깨달은 말씀을 나누어 엮어 30개론으로 가르치게 되었다.

1978년 6월 1일, 정명석 목사는 서울에 왔다. 그의 한 손에는 말씀 도표가 들려 있었다. 제대로 먹지도 못하고 라면과 국수로 끼니를 대신하면서 2년 동안이나 말씀을 전했으나 깨닫고 따르는 자가 없었다. 1980년 8월, 예수님의 인도하심을 따라 서울 신촌으로 거처를 옮겼다. 그곳에서 대학생 제자들이 정명석 목사가 전하는 말씀을 깨닫고 함께하기 시작했고 1981년 3월, 현 기독교복음선교회(세칭 JMS)를 설립했다.(당시 단체명은 지금과 상이하였음) 또한 주위의 기성 목사들의 권유로 웨슬레 신학을 하게 되면서 교단의 구성과 조직을 보다 세분화하여 체제를 세웠다.

교회의 급성장으로 주변 교단에서 이단으로 누명을 받기도 했지만, 정명석 목사는 흔들림 없이 복음을 전했고 수년 만에 수만 명이 따르게 되었다. 날이 갈수록 늘어나는 많은 사람을 수용하기 위해 터전이 필요했다. 1989년, 간구 끝에 정명석 목사는 하나님의 계시를 받고 고향인 월명동의 개발을 시작하게 된다. 10여 년간 피땀 어린 몸부림으로 자연성전이 만들어지면서 회원들의 신앙은 활기를 더했고 국내외 수많은 사람의 방문이 이어지면서 더욱 선교의 발전을 이루었다. 이 당시는 개신교가 크게 교세를 불리던 때였지만 문화적으로 보수적인 교단의 교세가 강했는데, 선교회는 대중가요와 트로트를 개사해서 찬송가로 쓰는 등 문화적으로 훨씬 더 자유롭게 열려 있었기 때문에 많은 젊은이가 모여들게 되었다.

그리고 1999년 1월, 정명석 목사는 세계 선교의 길에 올랐다. 유럽과 아시아로 건너가 다양한 문화와 예술을 통해 매년 세계 평화 행사를 개최했다. 이를 통해 수천 명의 세계인들이 서로의 문화를 이해하고 교류하며 평화의 정신으로 하나가 되었다. 그뿐만 아니라 CGM 자원봉사단을 설립하고, 국제 문화교류를 펼치며 세계 젊은이들에게 하나님을 중심한 사랑과 평화의 사상을 심어 주었다.

인간이 만들 수 없는
'하늘'의 힘으로 조성된 세계적인 자연성전!
세계 70여 개 국가 사람들이 찾는
대한민국의 자랑인 '세계적 명승지'

월명동 자연성전 내 예수 동상

경치가 탁월하거나 유명한 인물이 태어난 곳, 또는 역사적으로 큰 의미가 있는 곳을 명승지라 부른다. 역사적으로 볼 때 특별히 뛰어난 인물이 태어남으로 인해 그 지역과 환경이 유명해지는 경우를 많이 볼 수 있다. 월명동도 처음에는 잡초와 찔레, 엉겅퀴가 무성한 깊은 산골짜기에 불과했다. 월명동 아래에는 작은 마을이 있다. 석막리, 오항리, 삼가리, 부암리 등 이곳에도 물론 돌과 바위들이 많다. 그러나 처음에는 그 바위와 돌들을 귀하게 보는 사람들이 없었는데 정 목사가 이 돌과 바위들을 신비의 존재로 탄생을 시킨 것이다. 정 목사가 아니라면 분명 지금의 월명동은 존재하지 않았을 것이다.

월명동 자연성전, 분명 이곳은 전 세계에서도 보기 드문 대한민국의 자랑거리로 하나님의 거룩한 성전의 자격이 있는 곳이다. 이곳에 있는 돌, 나무, 모두가 깊은 사연들이 담겨져 있다. 그 신비스러운 사연들을 들어보면 가슴이 뭉클하고 찐한 감정을 갖게 한다.

2024년 3월 21일 오전 11시, 저자는 정명석 목사가 세웠다는 월명동 자연성전 입구에 도착했다. 그러나 출입이 통제돼 있었다. 당시 정명석 목사 사건이 보도된 이후 특히 저자들의 출입을 막고 있는 듯했다. 이에 저자는 한국언론사가 아닌 대만에 본사가 있는 '서태평양통신사 - 한국 특파원'임을 밝히고 비록 계란으로 바위를 치는 한이 있더라도, 목줄을 향해 칼을 들이대는 위험을 무릅쓰고라도 정확한 사실을 취재하고 싶었기에 현장을 찾은 것이다.

초소를 조금 지나자 거대한 돌들을 세운 성전이 나타났다. 첫눈에 대단한 곳임을 느꼈다. 곳곳에는 이러한 성전을 만들기까지의 노력을 기울인 설립자 정명석 목사의 어록들이 곳곳에 붙여져 있었다. 입구 초소로부터 연락을 받은 30대 남자가 저자를 맞았다. 자신을 '선교회 관계자'라고 신분을 밝힌 그는 월명동 자연성전 곳곳을 안내하기 전에 차 한잔을 나누면서 저자의 질문에 답하기 시작했다. 그런데 주변에 50여 명의 이동인파가 있어 "어떤 사람들이냐?"고 묻자 그는 "오늘 마침 일본에 있는 교인들이 이곳 성전에 참관을 왔다."고 말했다.

저자는 먼저 시원하게 펼쳐진 잔디밭과 커다란 운동장, 그리고 웅장한 돌 조경과 좌우 중간에 자리 잡은 팔각정 정자와 약수터, 깨끗한 산소를 제공하는 소나무들과 거대하고 신비스러운 형상의 바위들이 하나의 조각품으로 자리를 잡고 있는 극치의 비경을 보고 "도대체 어떻게 이렇게 조성이 된 겁니까?"라고 질문을 던지자, 그는 "이곳의 옛 지명은 예전부터 달이 밝다고 하여 달밝골이라고 불렸던 곳입니다. 원래는 잡초와 엉경퀴만 무성해 아무도 찾아오는 사람이 없어 적막하고 척박하기만 하던 산골짜기였는데 정 목사님께서 하나님의 말씀을 듣고 1989년부터 제자 교인들과 함께 헌신적인 사랑과 정성으로 개발하여 하나님의 자연성전으로 단장을 한 곳"이라고 답했다.

그러면서 "이곳을 개발할 때 총재님은 매일 하나님께 기도하면서 구체적인 구상을 받고 현재의 신화를 이루는데, 누구보다도 앞장서 지금은 세계 70여 개 국가의 사람들이 찾아오는 대한민국의 자랑인 세계적인 명승지가 되었다"라면서 "이곳을 다녀간 사람들은 '과연 신의 손길이 느껴지는 작품으로 유토피아를 실현하는 곳'이라고 감탄하고 풍수지리학자들도 '최고의 명당으로 하늘에서 보면 별자리의 지형이다'라고 놀라는 곳"이라고 설명했다.

월명동 자연성전 내 정명석 목사의 친필

 정명석 목사는 왜 이 돌 정원(stone garden)을 만들었을까? 저자는 "변하지 않는 돌 같은 믿음" 차원으로 추측했다. 자연성전 입구에서 왼쪽에 위치한 돌 정원의 거대한 돌에, 정명석 목사가 직접 쓴 '자연성전'이라는 글씨가 새겨진 큰 돌이 자리

잡고 있다. 그 옆에는 "생명을 사랑하라"는 큰 글씨(정명석 목사의 친필)가 보인다.

저자 또한 자연성전의 전경을 보고 감탄사가 절로 나왔다. 푸르른 하늘에 저 멀리 보이는 대둔산은 눈과 마음을 트이게 했고, 또 어우러진 자연물들은 평화로움과 따뜻함까지 느껴졌다. 또 그는 "찾아오는 이들의 이유는 다양하지만 힘들고 외롭고 심신이 지친 이들에게 하나님은 사랑과 치유로 위로와 희망을 얻게 하시고, 감사와 찬양을 드리려는 이들에게는 기쁨의 축복으로 함께하여 주신다."라고 설명했다.

자연성전을 찾은 일본 교인들
1999년부터 SBS 성추문 왜곡 편파 방송 시작
성범죄를 중형으로 다루는 중국서도 무혐의 결론 내

자연성전을 둘러본 이후 저자는 현재의 정 목사 사건에 대해 파고들었다. 선교회 관계자는 "총재님은 터무니없는 성폭행 혐의로 징역 10년을 선고받고 복역한 뒤 2018년 2월 만기 출소를 했다. 그런데 출소 후 또다시 신도들을 상습 성폭행했다는 거짓 고소로 지난해 10월 구속 기소됐다."면서 "1999년부터 SBS에서는 무려 6차례에 걸쳐 총재님에 대해, 이성문제가 있는 지도자로 기획 보도 방송을 했고, 그 무렵 총재님은 해외로 출국, 미국, 유럽, 홍콩 등에서 체류를 했다. 총재님은 5명의 여성을 성폭행했다는 혐의로 중국에서 2007년 4월경 체포되어 10개월간의 조사를 받은 후 2008년 2월 한국으로 송환되어 1심에서는 징역 6년, 2심에서는 징역 10년의 중형을 선고받고 억울하게 복역하셨다."고 말했다.

그는 또 "기자님도 아시겠지만 중국은 성범죄에 대해 무척 엄격한 처벌을 하는 나라로 목사님은 2007년 4월경 체포된 후 모진 고문을 받으면서 10개월간의 정밀한 조사를 받은 후 최종적으로는 혐의가 없음이 밝혀졌다"면서 "그 후 목사님은 2008년 2월 한국으로 송환되었는데 대한민국 법원은 고소인들에 대한 중국 병원의 검진 결과를 포함한 무혐의 처분 사실 및 관련 정황을 증거에 반영하지도 않고 현장검증을 비롯한 실체적 사실을 확인하기 위한 절차도 없이 목사님을 구속기소, 재판을 진행한 것인데 어떻게 이런 일이 있느냐?"라고 저자에게 반문을 했다.

1999년 정명석 목사에 관련하여 최초로 이슈가 된 이른바 '황양 납치사건'에 대해서도, 선교회에 대한 극렬한 반대 활동을 하는 김 모씨는 '황양'이 그룹섹스를 위해서 납치되었다고 언론에 제보를 했었다고 한다. 또한 이 사건은 작년에 큰 화제가 되었던 넷플릭스 '나는 신이다'에도 나와서 많은 국민에게 큰 충격적 시선으로 보였다.

하지만 저자가 확인한 사건의 실상은 전혀 달랐다. 신앙을 힘들어하던 '황양'을 당시 선교회의 김 모 목사와 몇몇 회원들이 정명석 목사를 만나러 가자고 하는 과정에서 불미스러운 다툼이 있었고, 다소 강압적인 방법으로 월명동으로 이동하게 되었다고 한다. 이때, 황양의 지인이 친구가 납치당했다고 신고하게 되어서 경찰이 긴급출동하게 되었다는 것이다. 실제로 당시 관련하여 처벌받은 이들의 판결문에는 '황양'은 정명석 목사가 있는 월명동까지 도착하기 전에 경찰에 체포되었다고 기재되어 있는데, 이를 통해 넷플릭스에 '황양'이 그룹섹스를 하기 위해 끌려간 내용은 완전히 허위라는 것을 확인할 수 있었다.

K와 선교회의 반대 세력들은 이처럼 사실을 왜곡하거나 아예 없는 허위의 이야기를 꾸며내서 정명석 목사를 성적으로 문제가 있는 지도자인 것처럼 굉장히 오랜 세월 동안 비방활동을 해왔다.

작년 3월 21일, 저자는 화제의 현장인 충남 금산군에 위치하고 있는 월명동을 다녀왔다. 그날 현장에서 저자는 현재 대전 교도소에 수감 중인 정명석 총재에 대하여 취재했고 그 결과를 저자가 발행하는 정경시사포커스(4월 2일 자) 사회면에 상-중-하 3편으로 나뉘어 <내부 핵심 세력들의 음모와 조작으로 구속 수사 중인 기독교복음선교회 정명석 총재, 그는 누구인가?> 주제로 보도를 했다.

보도 후 현재 각 편 조회수가 1만 2천 명을 넘기면서 뜨거운 반응을 불러일으키고 기사를 접한 독자들 역시 많은 댓글을 달아주고 있다. 어쨌든 현재의 정명석 사건은 한국 사회 초미의 관심사로 전개되고 있다.

정명석 총재! 그는 1960년대 월남전에 무려 2번이나 참전하였다. 국가를 위해 목숨을 걸고 싸웠으며 화랑무공훈장[2]과 인헌 훈장[3]등 4개의 훈장을 수여 받은 위대한 국가유공자다. 따라

---

2 화랑무공훈장은 대한민국 4번째 무공훈장이다. 이 무공훈장은 전투에 참가하여 용감하게 헌신분투하여 보통 이상의 능력을 발휘하거나, 다대한 전과를 올려 그 공적이 뚜렷한 유공자에게 수여를 하는 무공훈장이다.

3 인헌무공훈장은 대한민국의 5번째 등급 무공훈장이다. 전투에 참가하여 용감하게 분투 노력하여 부여된 임무 정도 이상의 능력을 발휘 그 공적이 뚜렷한 유공자에게 수여하는 무공훈장의 5등급에 속하는 훈장. 수(綬)는 소수(小綬)이며, 하늘색 바탕에 백색 줄이 두 줄 있다. 인헌(仁憲)은 고려시대 강감찬(姜邯贊) 장군의 시호(諡號)이다.

서 대한민국 조국에 대한 남다른 애정을 갖고 있고 국가에 대한 반듯한 마음을 제자들에게 늘 가르쳐왔다. 그는 특히 제자들에게 "술, 담배, 이성에 물들지 말라"며 "오직 하나님을 사랑하며 그리고 국가를 위해, 민족을 위해, 이웃들을 위해 살라"고 가르치며 스스로가 그렇게 삶을 영위해 왔다. 그런 그가 지금은 내부 측근들의 음모와 조작에 의한 성폭력 혐의로 영어의 몸이 돼 재판 중이다. 그러나 증거는 없고 피해자의 일방적 주장만 있는 상황임을 저자는 취재 과정에서 알게 되었다.

저자는 월명동 현장을 취재하면서 조경이 너무도 잘된 아름다운 신비의 자연성전에 매료가 되었다. 그러면서 첫째, 수백 톤이 넘는 수많은 돌을 어떻게 여기까지 옮겨서 쌓았을까? 둘째, 구상이 아무리 좋았어도 어떻게 수많은 돌을 찾아 각각 제 위치에 들어맞게 쌓았을까? 셋째, 이는 실로 불가사의한 일로 사람이 할 수 없는 일을 어떻게 했을까? 하는 감탄만을 쏟아냈다. 저자는 교인들과 진행한 인터뷰 전문을 옮기며 월명동 돌조경을 저자의 카메라에 모두를 담아 공개를 하였다..

저자는 야심작 돌조경에 대해, "다섯 번이나 무너졌지만, 끝까지 해서 결국 쌓았다고 했는데, 어떻게 해서 여섯 번의 구상을 실천하게 되었나?" 하는 질문을 던지지 않을 수 없었다.

질문을 받은 그 교인은, "야심작은 다섯 번 무너졌지만, 포기하지 않고 여섯 번의 구상을 기어코 실천하여 하나님의 구상을 이룬 곳이다" 라며, 첫 번째부터 어떻게 여섯 번째까지 그 구상을 이뤄왔는지에 대해 "처음에는 시멘트 계단으로 구상하으로 실천하다가 다시 하나님의 구상을 실천했습니다. 첫 번째에는 어느 지역에 석회석이 있어서 그 지역의 석회석들을 갖다가 쌓았습니다. 그랬더니 겨울에 돌이 얼었다가 봄이 되니 깨졌습니다. 두 번째에는 대리석 조각을 갖다가 쌓았습니다. 그러나 얇고 가벼워서 돌이 앞으로 쏠려서 균형을 잃고 넘어졌습니다. 다시 헐고 세 번째에는 돌 광산에서 돌들을 사다가 세우면서 쌓았습니다. 그런데 돌을 너무 경사지게 쌓아서 돌이 무게를 모두 받아서 중력을 못 견디고 무너졌습니다. 네 번째에 다시 쌓았습니다. 이번에는 완만하게 쌓았습니다. 그러나 기초가 약해서 장마가 지니 무너졌습니다. 다섯 번째에는 바닥이 나올 때까지 땅을 파내고 돌을 쌓았습니다. 그리고 여섯 번째에 하나님이 본래 보여주신 구상대로 완성했습니다. '6' 수는 끝나는 오메가 수입니다. 끝수입니다. 다 쌓아 놓고 보니 아름답고 신비하고 웅장하고 좋았습니다"라며 "정명석 목사님은 '한 단계 더 좋은 구상의 실천'은 하늘이 땅보다 높음같이 엄청난 차이가 난다고 하시며 하나님의 구상을 전해주셨습니다"라고 설명했다.

서사는 야심작 돌조경을 다시 보니, "이 많은 돌이 무너지며 여섯 번까지 쌓기까지, 얼마나 많은 일들이 있었을까?"라고 생각했다. 볼수록 돌들이 제 위치에 딱딱 들어맞게 쌓은 것도 신기했다. 한 교인은 야심작 한가운데 있는 바위의 사연을 또 이야기해주었다.

10대 때부터 21년간 대둔산에서 기도 생활을 했으며 평생을 신앙에 전념한 정명석 총재, 그는 월남전에도 두 번이나 참전했으며 50여 년간 성경 연구를 해오면서 그의 지론을 25개국에 전파, 많은 책도 저술했다. 그는 예술 분야도 남다른 소질이 있어 시, 그림, 서예도 뛰어나 그의 작품은 국내외적으로 인정을 받고 있음을 저자는 현장에서 파악을 했다. 국내뿐 아니라 국내는 물론 영국, 프랑스, 독일, 아르헨티나 등 각국에서 그림과 서예 작품 다수를 전시하였고 특히 '2011 아르헨티나 아트페어'에서 대표작가로 선정되는 등 세계 예술계의 주목을 받았다.

그러나 정명석 목사는 현재 자유의 몸이 아닌 피고인 신분으로 일관되게 무죄만을 주장하면서 사법부의 판단을 기다리고 있다. 저자의 판단으로는 증거재판주의에 입각해 항소심 재판부가 객관적으로 확실한 판단을 하면 정명석 목사는 확실히 무죄가 될 것 같다. 때문에 사법부는 올바른 잣대로 정명석 목사를 판단해야 할 것으로 보고, 그 결과를 저자는 지켜보려고 한다.

월명동 자연성전 내 정명석 목사 친필

02

음모의 실체는 누구인가?

사건의 시작을 알리는 기자회견

☐ **2022년 3월 16일 : 홍콩 고소인 A 기자회견
(오후 2시 광화문 변호사 회관)**

이날 기자회견에는 홍콩 고소인 A가 참석했으며, 호주 고소인 B는 동영상으로 증언했다. 이외에도 반 JMS 활동가 K와 고소인들의 법률대리인들이 동석했다. 법무법인 덕수 소속의 법률대리인은 정명석 목사를 상대로 상습준강간·상습준강제추행 등 혐의 고소장을 경찰청에 제출했다고 밝혔다.

K와 홍콩 고소인 A의 기자회견

정명석 목사 사건의 핵심 고소인인 홍콩 여성 A와 호주 여성

B의 주장은 아래와 같다.

【홍콩 고소인 A의 주장】

▶ 2018년 말부터 2021년 9월까지 추행 7회, 유사간음 6회, 간음 2회 등 총 15차례 피해를 당했다.

▶ 선교회에서는 정명석을 재림주로 믿게 한다.

▶ 선교회는 해외 스타[4]들을 한국에 오게 해서 선교회만 의지하도록 만들었다.

▶ 세뇌의 결과로 2018년 처음 성추행당했을 때 이상하고 혼란스러웠지만, 그것을 믿음의 시험이나 하늘의 사랑이라고 믿었다.

▶ 성폭행 증거를 남기기 위해 녹음을 했고, 그 파일이 있다.

---

4 '신앙스타'의 약칭으로, 기독교복음선교회에서 결혼하지 않고 하나님만 사랑하면서 살겠다고 서약한 교인들의 부서를 뜻한다. (천주교에서의 신부·수녀와 같음)

【호주 고소인 B의 주장】

▶ 월명동 수련원 등에서 5회 강제 추행을 당했다.

고소인들이 호소하는 성피해 사실의 내용은 충격적이었다. 저자도 당시에 뉴스를 보면서 많이 놀랐던 기억이 난다. 어떻게 사람으로서 이런 천인공노할 범죄를 저지를 수 있다는 말인가? 그리고 고소 비용을 포함하여 사법처리에 필요한 일체의 비용을 자신이 전액 지불하며 피해자를 지원한다는 반 JMS 활동가 K에 대해서는 '아따, 훌륭한 일을 하는 정의로운 양반이구만!' 이라고 생각했었다.

하지만 직접 정명석 목사 사건을 취재하면서 고소인들과 K에 대해서 몇 가지 의문점을 품게 되었다.

공정재판을 촉구하는 교인들

🔲 의문 1. 고소인들의 고소 시점

위 표는 고소인들이 성피해를 당했다고 주장하는 시점과 고소한 시기를 나타낸 것이다. 살펴보면 알겠지만, 마지막 성피해를 당할 때 이미 고소를 할 작정으로 당시 상황을 녹음했던 홍콩 고소인 A는 그 후로 6개월이 지나서 고소했다. 호주 고소인 B는 마지막 성추행으로부터 무려 3년 3개월이 넘는 세월이 흐른 이후에 고소했고, 한국인 추가 고소자 C는 4년 4개월 만에 고소했다. 이는 일반적·상식적으로 매우 이해하기 어려운 부분이다.

이렇게 성피해를 당하고 나서 한참 뒤에서야 고소하게 된 이유에 대해, 고소인들은 법정 증인신문에서 다음과 같은 대답을 했다.

> - **변호인** : 왜 성피해를 당하고 이렇게 오랜 세월이 흐른 뒤에 고소하게 된 거예요?
> - **홍콩 고소인 A** : 만사에 때가 있나니….
> - **한국 고소인 C** : 똑같은 대답을 해야 해서요.

저자는 재미있는 대답이라고 생각했다. 그리고 취재를 하면서 또 한 가지 재미있는 점이 있었는데, 이번 사건과 과거 정명석 목사의 사건을 비교해보았다.

과거 사건				이번 사건			
순번	성명	고소인 주장 최초 범행일	고소 제기일	순번	성명	고소인 주장 최초 범행일	고소 제기일
1	김O수	2001. 8. 30.	2001. 9. 7.	1	고소인 A	2018. 2.경	2022. 3. 16.
2	김O운	2003. 2. 16.	2003. 3. 22.				
3	김O운	2003. 2. 16.	2003. 3. 22.	2	고소인 B	2018. 7. 10.	2022. 3. 16.
4	김O분	2006. 4. 3.	2006. 4. 7.				
5	장O슬	2006. 4. 3.	2006. 4. 7.	3	고소인 C	2018. 8. 4.	2022. 12. 22.

고소인들은 피해를 당했다고 주장하는 시점으로부터 짧게는 4-5일, 길게는 1개월 안에
바로 수사기관에 고소 제기

과거의 사건이나 현재 사건이나 성 피해를 호소하는 여인들은 자신이 정명석 목사의 말씀을 듣고 세뇌가 되어서 항거불능 상태에 빠져 있었다고 했다.

그리고 이번 사건의 고소인들은 자신들이 성피해 시점보다 한참 뒤에 고소하게 된 이유로 '세뇌'를 당해서 자신들이 성피해를 당한 줄 몰랐다고 주장하기도 하는데, 그렇다면 과거 사건의 고소인들은 세뇌가 덜 되어서 성피해를 입고 나서 즉각적으로 고소한 것일까?

저자는 아무리 생각해봐도 이해가 안 되었다. 미성년자 어린 아이들도 아니고, 성장할 만큼 다 성장한 사람들이 어떻게 세뇌를 당했기에, 성추행/성폭행을 당하는데도 그것을 범죄로 인식을 못 했는지를…

우리는 어떤 사건을 접할 때 보통은 그 사건을 직접 겪기보다 TV나 뉴스, 인터넷 기사 등 어떤 매체를 거쳐서 접하게 된다. 그렇기에 해당 컨텐츠를 다루는 매체의 주관적 관점에 함께 영향을 받기 마련인데, 종종 그 이면에는 매체에서 얘기하는 것과는 전혀 다른 진실이 숨어 있기도 하다.

독자 여러분들도 저자가 품게 된 의문에 대해 함께 곰곰이 생각해 보기 바란다.

여기서 우리가 또 한 가지 생각해볼 점은 소위 '반선교회 활동가'라고 하는 K에 대한 의문이다. 과거의 사건에서도, 현재 사건에서도 고소인들의 배후에는 K가 존재하고 있었다.

저자는 처음 K가 뉴스에 나오는 것을 봤을 때는 굉장히 점잖고, 정의로운 사회활동가로 봤다. 그런데 정명석 목사 사건에 관련된 취재를 하다 보니, 이 사람 K의 충격적인 과거 행적에 대해 알게 되었다.

'과거의 행적'이란 그 사람이 걸어온 인생의 길이다. 정명석 목사를 취재하며 그가 전하는 설교 말씀 중에 깊게 와닿은 부분이 있었는데, '사람의 운명은 정해져 있지 않다. 다만, 길의 운명이 정해져 있다'라는 것이다.

이게 무슨 말이냐면, 가령 저자가 '서울'에서 '인천'을 간다고 하자. 그런데 차를 타고 계속 동쪽으로 달렸다. 하루 종일 달린다고 해도 '인천'에 도착할 수 있을까? 아니다. 아마 강릉이나 양양 정도 갔을 것이다.

하루 종일 달렸는데도 인천에 도착하지 못하다니! 저자는 인천에 도착하지 못할 운명이었던 걸까? 그게 아니라 애초에 내가 달린 길이 인천으로 가는 길이 아니었던 것이다. 물론 중간에 길이 잘못됐음을 깨닫고 방향을 돌려서 서쪽으로 향했다면 인천에 도착했을 수도 있다. 하지만 계속 가던 방향으로 가봤자 일주일을 달려도 인천에 도착하는 것은 불가능했을 것이다.

저자가 알게 된 K의 과거 행적은 충격 그 자체였다. 반전도 이런 반전이 없을 정도. 그런데 현재 K의 모습이 과거의 K 모습과 다른 점이 있는지 살펴봤을 때, 정말 놀랍도록 동일한 행보를 걷고 있다는 것을 알게 되었다. 그렇다면, 과거나 현재나 똑같다는 말인데… 일단 지금은 말을 아끼도록 하겠다.

반 JMS 활동가 김 모씨의 충격적 과거와 현재의 행보는 뒤에서 본격적으로 독자들에게 알리겠다.

반 JMS 활동가 K

소환 조사 그리고 구속

"10여 차례 조사에도 무혐의였는데... 왜 구속된 것일까?"

☐ 2022년 7월 21일 : 1차 경찰 소환 조사

7월 11일, 충남경찰청 여성청소년범죄수사대(이하 여청계)는 피해 당시 상황이 녹음된 파일을 확보하고 고소장이 제출된 지 4개월 만에 정명석 목사에게 출석을 요구했다.

7월 21일 정명석 목사는 피의자 신분으로 1차 경찰 소환 조사를 받았고, 이후에도 10여 차례나 보강 조사가 이뤄졌지만, 혐의없음으로 구속되지 않았다.

☐ 2022년 9월 29일 : 구속영장 청구

☐ 2022년 10월 4일 13시 10분

피의자 심문(영장실질심사) ▷ 구속영장 발부

둔산경찰서 유치장으로 이동

구속영장 발부에 대해서는 할 말이 많다. 이 부분은 저자가 뒷부분에서 좀 더 자세히 기재하도록 하겠다.

다음은 정명석 목사에 대해 구속영장이 발부되었을 때, 선교회에서 발표한 성명문의 주요 내용이다.

<선교회측 성명>

▶ 고소인의 음성파일을 증거로 채택하려면 원본 검증이 이뤄져야 하는데, 그런 절차가 전혀 없이 수사가 미진한 상태에서 구속영장이 발부됐다.

▶ 고소인의 주장에 모순과 허위와 의문점이 많다.

▶ 법원의 영장실질심사 결과를 겸허히 수용하고 실체적 진실을 규명하기 위해 최선을 다하겠다.

☐ **2022년 10월 11일**
　충남경찰청 ▷ 대전지방검찰청으로 송치
　3차례 조사와 주변 참고인 4명 조사

☐ **2022년 10월 28일**
 : 준강간과 강제추행 등의 혐으로 구속 기소

【구속영장 발부】

　대부분 언론에서는 도주 및 증거인멸 우려로 인하여 구속영장을 청구했다고 말하고 있지만, 만약 이 말이 사실이라면 정명석 목사의 구속영장이 두 번이나 기각되었을 리가 없다. (저자도 취재를 통해서 알게 되었다!)

　정명석 목사의 구속영장은 세 번째 만에 발부가 되었는데, 그렇다면 이때 구속영장 신청은 이전과 차이점이 무엇일까? 저자는 취재를 통해 이 부분을 알게 되었다.

　요인은 크게 두 가지.

> 1. 선교회 소속 '주님의 흰돌 교회' 권사들이 고소인들의 배후에 있는 K의 부인을 찾아간 것
>
> 2. 선교회의 전 모 장로가 홍콩 고소인 A의 부모를 찾아가서

회유한 것

　현재 우리나라의 형사 사건에서는 피의자가 고소인에게 연락하여 원만한 사건 해결을 위해서 '합의'를 할 수 있도록 되어 있다. 하지만 성범죄에 있어서는 조금 특수성을 가지고 있어서, 절대로 피의자가 고소인에게 섣불리 접근해서는 안 된다. '성폭력 특례법'에 의거하여 '2차 가해'가 될 수 있기 때문이다.

　정명석 목사가 구속된 것도 위 사항들이 '2차 가해'로 간주되어서 구속영장이 발부된 것이었다. 성범죄 사건에서 2차 가해가 일어나는 것은 피의자 구속의 사유가 될 수 있다.

　그런데 여기서 저자는 이 사실을 알게 되었을 때 의아한 것이 있었다. 즉 정명석 목사의 구속 사유를 만든 위의 권사들과 J장로는 왜 이런 짓을 벌였느냐는 것이다. 심지어 K의 부인은 '변호사'였다. (변호사에게 법적으로 책잡힐만한 일을 했으니… 하아, 그야말로 자살행위를 한 것이나 다름없지 않은가!) 고소인들의 배후에 있는 K 부인의 사무실이나 홍콩 고소인 A의 부모 거주지나, 이런 정보들을 선교회의 일반 신도들이 쉽게 접할 수는 없다. 그렇다면 이들은 누구이며, 고소인 측 인물들을 찾아가게 된 경위는 무엇일까?

일단 저자는 선교회 소속 '주님의 흰돌 교회'에 대해서 알아봤다. 이 교회는 선교회 산하의 수많은 교회 중에서도 아주 흥미로운 교회다. 소위 '2인자'였던 김지선이 목회를 했던 곳이며, 여기에서 작년 3월 12일에 '배신 발언'을 했기 때문이다. 여기에 관련해서는 뒷부분에서 좀 더 자세하게 다루기로 하고, 일단 문제의 권사들에 대해서 얘기해보기로 하겠다.

저자의 취재에 의하면, 이 권사들은 당시 '주님의 흰돌교회' 목회자였던 '김지선'과 공동으로 목회를 맡고 있던 'R', 김지선과 함께 선교회에서 법적 대응하고 있다는 대외협력국장 'H'의 말을 듣고 이와 같은 일을 벌였다고 했다.

반 JMS 활동을 하는 K의 부인을 찾아간 이유는 '그의 남편을 말려달라고 부탁하기 위해서'라고 하는데, 실제적으로는 직접 만나지도 못해서 편지를 남겨놓고 왔다는 것이다. 물론 정명석 목사를 위해서 나쁜 의도가 아니었다는 것은 알겠지만, 결국 이들의 행위가 정명석 목사를 구속시키는 사유가 됐으니 안타까울 따름이다.

한편, 흰돌 교회 목회자였던 김지선과 R, 선교회에서 법적 대응을 맡고 있다는 'H'는 도대체 왜 이런 말도 안 되는 지시를 내렸던 것일까? 법적 대응을 맡고 있었다면, 성범죄 사건에서 가해자 측이 고소인 측을 찾아가는 게 '2차 가해'가 될 수 있다는 것을 모르지 않았을 텐데? 만약 이 권사들이 우연히 알게 된 정보를 가지고 독단적으로 찾아갔다면 그냥 우발적인 '사고'였겠지만, 이건 뭔가 좀 이상한게 아닌가.

선교회의 'J장로'도 단순한 교회 장로가 아니라 정명석 목사의 법적 대응을 돕고 있었다고 한다. 그런데도 이런 치명적인 실책을 범했다는 말인가?

'J장로'에 대해서는 끝내 알기 어려웠지만, "김지선과 R, H는 다분히 정명석 목사를 구속시키기 위해 다분히 악의적으로 이와 같은 행각을 벌였던 것이 아닌가" 라고 저자 나름대로 추정을 해보았다.

저자는 취재를 통해 소위 '2인자'라고 했던 김지선이 정명석 목사를 배제하고 자신이 선교회를 장악하기 위해 벌인 수많은 행각을 알게 되었고, 이 충격적이고도 흥미로운 사실에 대해서는 뒷부분에 좀 더 자세히 다뤄보겠다.

03

있을 수 없는 억울한 재판
1심

1심 1차 공판

대전지법 제12형사부
'22. 11. 18. 10 a.m.
230호 법정

☐ 정명석 목사 변호인측, 공소 사실 전면 부인

【검찰 주장 : 항거불능】

▶ 피고인은 고소인들의 항거불능 상태를 이용해 범행을 저지르기로 마음먹었다.

▶ 2018년부터 수년에 걸쳐 고소인들을 강제로 추행하고 심지어 준유사강간을 저지르는 등 간음하기도 했다.

고소인들의 말을 그대로 신뢰한 검찰의 주장은 쉽게 말해서 "교주가 신도들을 세뇌시켜서 자신의 성적 욕망을 채웠다."라는 것이었다.

시기는 성범죄로 인한 10년형 복역을 마치고 출소한 직후인

2018년도부터다.

그런데 저자는 정명석 목사가 성범죄를 저질렀다는 이 시기도 참 의아했다. 과거 성범죄 사건으로 인해서 10년간이나 고된 옥살이를 했고, 이제 나이가 거의 80세가 다 되어서 출소한 노인이 감옥에서 나오자마자 또 이와 같은 성범죄를 저질렀다는 말인가? 말 같지도 않은 소리다.

이 부분도 상식적으로 잘 이해가 되지 않았다. 감옥에 또 들어가려고 작정한 것이 아니라면 말이다. 그리고 측근에 있던 제자들이라는 사람들의 행동도 의아했다.

단체의 총회장 목사가 10년 동안 그렇게 힘들게 옥고를 치르고 나왔으면, 알아서 주변에서 일반 신도들을 적당히 통제했어야 하는 것이 아닌가? 그런데 이때 2인자였던 김지선은 정명석 목사의 주변에 자신의 영향력 안에 있는 여신도들을 수행원으로 붙였다고 한다. 정작 정명석 목사 본인은 '필요 없다'고 하는데도 말이다.

그리고 또 한 가지 충격적이었던 것은, 전국 및 전 세계에 정신적으로 문제가 있는 회원들을 기도 받게 해야 한다는 명목으로 정명석 목사가 있는 월명동으로 다 불러들였다는 것이다.

많은 신도가 당시에는 김지선을 철석같이 믿고 있었지만, 시간이 지나고 돌아보니 위에서 얘기했던 내용처럼 정말 이해하지 못할 일들이 많았다고 한다. 그러나 지금 와서 생각해보면, 그 일련의 행위들에 대해 김지선과 그 일당들은 정 목사를 죽이기 위한 정확한 목적을 가지고 있었던 것이 아닌가? 저자는 그 후 많은 신도의 얘기를 들을 수 있었다.

처음부터 이런 사실들에 대해서 알았으면 어땠을까 싶지만, 지금에서라도 저자의 취재를 통해 많은 사람이 정명석 목사 사건의 진실에 대해서 알게 되었으면 좋겠다.

첫 공판이 열렸던 이날. 정명석 목사의 변호인단은 검사 측에서 제기한 공소사실에 대해서 전면 부인하였고, 1심 재판은 이렇게 시작되었다.

기도하는 정명석 목사

정명석 목사 사건 진실을 호소하는 교인들

1심 2차 공판

대전지법 제12형사부
'22. 12. 16. 10 a.m.
230호 법정

☐ 검　찰 : 세뇌와 항거불능 주장
　 변호인 : 공소사실 전면 부인

> • 검　찰 : 피고는 종교 교주로서 신도에게 논리와 판단을 상실하게 하여 말이나 행동을 거부할 수 없도록 세뇌한 뒤 고소인들을 강제 추행했다.
>
> • 변호인 : 고소인들이 주장하는 성피해 사실 자체가 없었으며, 피고인이 본인을 재림예수 등 신적인 존재라 자칭한 사실도 없었다.
>
> 　성피해를 주장하는 신도들을 대상으로 폭행 등 물리적인 위협 또한 전혀 없었으며, 곤란한 정도만 가지고 항거불능 상태로 볼 수 없다.

정명석 목사 변호인단은 경찰 수사 당시 일관적으로 진술했던 것처럼 성추행한 사실이 없다고 주장했다.

검사의 항거불능 주장에 대해서는 정명석 목사가 고소인들이 주장한 것처럼 본인을 재림예수라고 하는 등 신적인 존재라고 지칭한 사실이 없다고 했는데, 이 부분에 대해서는 저자가 이 책자를 저술하고 있는 현재까지도 첨예한 다툼이 진행 중이다.

여기서 '세뇌'와 '항거불능'에 대해서 알아보자.

세뇌란?

정치적이거나 도덕적인 확신의 변화, 또는 어떤 견해나 행위를 변화시키기 위해서 신체적 고통이나 심리적 강압수단을 적용하는 일이다.

비밀을 알아내기 위하여도 이 방법을 사용한다. 세뇌의 방법으로는 흔히 음식이나 수면의 박탈, 과도한 신체적 긴장, 의료

적 처치의 중단, 고립화 등을 들 수 있으며 한국전쟁 이후에 심리학적 연구의 대상이 되었다.

출처 : 교육학용어사전, 1995. 6. 29.

항거불능이란?

<형법 제299조(준강간, 준강제추행)>
사람의 심신상실 또는 항거불능의 상태를 이용하여 간음 또는 추행을 한 자는 제297조, 제297조의2 및 제298조의 예에 의한다.

형법 제299조는 가해자가 피해자의 심신상실 또는 항거불능의 상태를 이용하여 성적인 침해를 하는 행위를 강간죄나 강제추행죄와 동일하게 처벌하도록 명시하고 있다.

그렇다면 도대체 이 '항거불능'이 무엇이냐?

대법원 판례를 살펴보면, "준강간죄에 있어서 항거불능이란 심신상실(정신적 장애 : 정신병·치매·알코올중독 등) 이외의 사유로 인하여 심리적 또는 육체적 반항이 불가능한 경우를 의미하는바."라고 한다.

(대법원 1976. 12. 14. 선고 76도3673 판결 참조)

딱 보면 느낌이 오는 독자도 있겠지만, 이 '항거불능'이라는 것이 참 애매하다.
항거불능의 판단은 피해자의 신체적·정신적 상태, 가해자의 행위 내용 및 방법, 주변 상황 등을 종합적으로 고려하여 이루어져야 하는데… 문제는 '항거불능'의 '판단 기준'이 모호하다는 것이다.

예를 들어서, 가상의 인물 A는 사회적인 관계로 인해서 B에게 모종의 심리적 부담 및 압박감이 있었다고 하자. 그런데 이

심리적 부담 및 압박감이 어느 정도 수준이어야지 이것을 '항거불능'으로 판단할 수 있느냐는 것이다. 애초에, 그 부담 및 압박감이 어느 정도 수준인지 측정하는 것부터가 애매하다.

이러한 항거불능의 개념은 피해자의 성적 자기 결정권을 보호한다는 측면에서는 긍정적인 효과가 있지만, 판단 기준이 애매하다는 측면에서는 많은 논란을 야기하고 있다.

과거 정명석 목사의 사건도 증거가 하나도 없고, 오히려 고소인이 주장하는 성범죄가 실제로는 불가능했다는 것이 경찰병원에 의해 의학적으로 소명되었음에도, 위의 '항거불능' 개념이 적용되어서 10년이라는 중형이 나오게 된 사례가 있다.

녹취파일의 증거 능력 여부 공방

고소인이 핵심 증거자료로 제출한 현장 녹취파일 등 자료의 증거능력 여부에 대해서도 검찰과 변호인 간 공방이 이어졌다.

검찰과 변호인의 주장을 살펴보도록 하겠다.

• **변호인** : 고소인 측에서 녹취 원본이라 할 수 있는 당시 스마트폰을 제출하지 않아서, 조작/편집되지 않았다는 보장이 없다. 국과수에서도 원본과의 동일성을 확인할 수 없다고 했다.

증거능력이 없는 사본을 증인신문 과정에서 활용하는 것 자체가 위법 소지가 높으니, 증거 능력의 명백한 판단을 요구하는 바이다.

• **검　찰** : 녹취 등은 고소자가 스마트폰을 바꾸면서 아이클라우드에 저장돼 있던 것을 다운 받은 것이어서, 대법원 판례에도 인위적 수정이 없었던 사본을 증거로 채택하고 있다.

고소자 진술과 아이클라우드에 접속하는 모습 실현 등을 통해 증거능력 판단에 도움이 될 것으로 보인다.

▢ 검찰측, 고소인 증인 신청 ▷ 변호인 반대 이유는?
원본이 아닌 녹취파일은 증거능력이 없다!

검찰이 고소인을 증인으로 신청해 재판부가 다음 기일에 증인신문을 진행하려고 하자 변호사가 이의를 제기했다.

- **변호인** : 증거로 제시된 녹취파일이 원본이 아니다. 증거능력을 판단한 이후에 증인신문을 해야 한다.

- **판　사** : 재판 당일 의견을 제시하며 증인신문을 미루는 행위는 허용할 수 없다.

- **변호사** : 증거능력에 따라 신문 방향과 내용이 달라진다. 피고인이 동종 범죄로 처벌받은 전력이 있어 선입견이 있을 수 있다.

- **판　사** : 다음 기일에 피해자가 아닌 다른 증인들에 대해 신문을 진행하겠다.

- **변호사** : 다음 공판기일에 예정된 증인신문에 앞서 원본과 사본의 동일성이 인정되지 않는다는 감정 결과를 제출 후 브리핑을 진행하겠다.

살펴본 바와 같이, 변호인은 녹취파일의 원본이 없기 때문에 '증거능력이 없다.'라는 말을 하고 있다.

이게 무슨 뜻인지, 법률적인 부분을 가볍게 체크하고 넘어가 보자.

녹취파일이 증거로 채택되려면?

<형사소송법 제313조(진술서 등)>
① 전2조의 규정 이외에 피고인 또는 피고인이 아닌 자가 작성한 진술서나 그 진술을 기재한 서류로서 그 작성자 또는 진술자의 자필이거나 그 서명 또는 날인이 있는 것(피고인 또는 피고인 아닌 자가 작성하였거나 진술한 내용이 포함된 문자·사진·영상 등의 정보로서 컴퓨터용 디스크, 그 밖에 이와 비슷한 정보저장매체에 저장된 것을 포함한다. 이하 이 조에서 같다)은 공판 준비나 공판기일에서의 그 작성자 또는 진술자의 진술에 의하여 그 성립의 진정함이 증명된 때에는 증거로 할 수 있다. 단, 피고인의 진술을 기재한 서류는 공판준비 또는 공판기일에서의 그 작성자의 진술에 의하여 그 성립의 진정함이 증명되고 그 진술이 특히 신빙할 수 있는 상태하에서 행하여 진 때에 한하여 피고인의 공판준비 또는 공판기일에

> 서의 진술에 불구하고 증거로 할 수 있다.

형사소송법 제 313조 1항의 단서에 따르면, 녹취파일을 증거물로 사용하기 위해서는 녹음된 피고인의 진술 내용이 피고인의 진술대로 녹음된 것임을 증명해야 한다. 그리고 그 진술이 신빙할 수 있는 상태에서 행하여진 것임이 인정되어야 한다.

이를 좀 더 쉽게 얘기하면, "그거 진짜야?"라는 뜻이다. 피고인이 "가나다라"라고 말한 녹취파일이라면서 증거로 가져왔는데, 사실 피고인이 "ABCD"라고 말한 것을 조작한 것일 수도 있지 않은가? 방송 업계에도 소위 '악마의 편집'이라는 말이 있을 정도이니 말이다.

전자매체로 된 증거물에 대법원 판례는 아래를 참고하시길.

대화 내용을 녹음한 파일 등의 전자매체는 그 성질상 작성자나 진술자의 서명, 날인이 없을 뿐만 아니라 녹음자의 의도나 특정한 기술에 의하여 그 내용이 편집, 조작될 위험성이 있음을 고려하여, 그 ① **대화내용을 녹음한 원본**이거나 원본으로부터 복사한 사본일 경우 인위적 개작 없이 ② **원본의 내용 그대로 복사된 사본임이 입증**되어야 한다.

(대법원 2001. 10. 9. 선고 2001도3106 판결 참조)
(대법원 2004. 5. 27. 선고 2004도1449 판결 참조)
(대법원 2008. 12. 24. 선고 2008도9414 판결 참조)
'증거능력'이란, 증거가 될 자격이 있냐는 말이다.

앞서 살펴본 대법원 판례에 의하면, 정명석 목사 사건에서도 고소인이 제출한 녹취파일이 '증거'가 될 자격을 인정받기 위해서는 다음의 두 가지 조건 중에 하나여야 한다.

①원본 파일
②원본과 동일하다고 증명된 사본 파일

과연 고소인이 제출한 녹취파일은 위의 두 가지 요건 중에 해당이 될까?

일단 '녹취파일'의 경우, 당시 성피해 현장을 녹음했다는 아이폰에서 최초 생성된 파일이 원본이 된다. 그런데 고소인은 이 아이폰을 중고로 팔아버렸다고 했다.

이런 이야기를 들은 저자는 사실 좀 황당했다. 지난 몇 년간 성추행 및 성폭행으로 고통을 당하다가 고소를 결심하고 계획적으로 성피해 현장을 녹음했는데, 이 중요한 녹취 원본을 중고로 팔아버리다니... 고소인은 홍콩에서 어떻게 팔았냐고 하니까, 홍콩에서 현금거래를 통해 판매했고 누구에게 팔았는지도 기억나지 않는다고 말했다.

이렇다면 딱 봐도 뭔가 수상해 보이고, 또 녹취파일의 수상한 점은 이게 전부가 아니다. 재판이 가면 갈수록 점점 더 미심쩍은 정황들이 드러나고 있기에, 독자들은 책장을 넘기면서 이 부분도 주목해서 살펴보면 더욱 재미있을 것이다.

어쨌든!

고소인이 제출한 녹취파일은 원본은 아니라고 밝혀졌다. 그렇다면 증거로서 인정받기 위해서는 '원본과 동일한 파일'이라는 것을 입증해야 하는데?

검찰 측은 고소인이 애플 기계들이 '아이클라우드'로 연동된다는 특성을 통해서 녹취파일을 지금까지 보관하고 있는 것이라며, 원본과의 동일성을 주장하고 있다.

그런데 과연 '아이폰은 아이클라우드로 연동되니까!' 이것만 가지고, 고소인이 제출한 파일을 원본이라고 할 수 있을까?

저자가 생각하기에는, 그건 좀 어렵다고 본다. 아이폰에서 녹취파일을 자체적으로 편집할 수도 있고, 컴퓨터에서 편집한 파일을 아이폰으로 옮겨서 아이클라우드에 연동시킬 수도 있다.

독자들이 생각하기에는 어떤지 궁금하다.
실제로 국과수에서도 감정 결과 '원본이 없어서, 원본과의 동일성을 입증할 수 없다.'라고 했다. 그런데 국과수 감정서에는 이 밖에도 흥미로운 내용이 포함되어 있다.

즉 원본은 없지만, 그래도 아이폰(음성메모 : 기본어플)으로 녹음했다고 하니까 그렇다는 가정하에 대조 파일을 생성해서 파일구조를 비교했다고 하는데…

결과는?
고소인이 제출한 파일과 파일구조가 달랐다고 한다.
이것이 의미하는 바는 무엇일까?

결국 국과수에서 말을 돌려서 했을 뿐이지, 실질적으로는 아이폰의 음성 메모 어플로 녹음한 것과는 다른 무언가의 편집이 가미되었다는 것이다.

저자가 알아보아도, 만약 고소인이 주장하는 대로 아이폰으로 녹음한 후에 별도의 편집을 하지 않았다면, 어떤 경우에도 파일구조가 달라질 수가 없다고 했다.

이 부분에 대해 조사한 경찰 '조 모씨'는 "고소인이 녹음했던 아이폰이 홍콩산 아이폰이라서, 우리나라 아이폰과는 녹취 파일의 기능이 다를 수 있다."라고 했는데…
저자는 아이폰을 안 써서 '정말 그런가?' 의문이 갔다. 그런데 이것도 알아보니까, 사실이 아니었다. 아이폰을 생산/판매하는 애플은 애초에 전 세계를 대상으로 핸드폰을 판매하는 다국적 기업이고, 전 세계 어디서나 아이폰의 기능은 동일하다고 했다.

애플 고객센터에 전화만 해봐도 곧바로 확인할 수 있을, 이런 내용을 사실관계 확인도 없이 수사에 반영하다니…

그렇다면 경찰 '조 모씨'는 누구인가? 안 그래도, 최근에 화성 동탄 경찰서에서 각종 성범죄 무고 사건 이슈 등으로 경찰에 대한 신뢰가 흔들릴 만한 일이 있었는데… 저자도 국민의 한 사람으로서 씁쓸할 뿐이다.

어쨌든, 정명석 목사를 조사했던 경찰 '조 모씨'도 뭔가 수상한 점이 많았다. 그리고 뒷부분에서 나오겠지만, 이 경찰관이 재판 도중 벌이는 충격적인 사건이 또 있다.

아무튼! 저자는 사건을 취재하면서 정말 이상한 재판이라는 생각이 들었고, 언론에 일반적으로 알려진 것과는 크게 차이가 있음을 감지했다.

교인들의 집회 현장을 취재 중인 저자

1심 3차 공판

대전지법 제12형사부

23. 2. 13. 2p.m

230호 법정

☐ 변호인 PT
→ 공소장[5] 의 문제를 짚으며 세뇌·항거불능 반박

> 1. 공소장에는 재림예수가 피고인 본인이며, 자신이 예수님보다 더 위에 있는 자라고 말하여 신도들을 세뇌했다고 기재돼 있지만, 피고인이 예수가 재림했다거나 예수님 위에 있는 자라고 설교한 사실이 없다.

☞ 저자도 정명석 목사의 설교를 여러 편 살펴봤으나, "내가 재림예수다!", "내가 예수님보다 더 대단하다!" 이런 취지의 내용은 전혀 없다.

오히려 정 목사는 수십 년간 복음의 사역을 해오면서, 항상

---

[5] 공소장 : 검사가 공소(이 사람은 이런이런 범죄사실이 있습니다. 법원은 재판해주십시오!)를 제기하기 위해 법원에 제출하는 서류

'사람을 중심하면 안 된다. 근본은 영의 존재자다.'라거나 '나를 가르친 분은 오직 예수님이다!'라고 하며, 예수님을 자신의 스승이고 메시아라고 하며 드높이는 설교 내용은 수백 편이 있을 정도로 쉽게 찾아볼 수 있었다.

> 2. 피고인은 예수님의 뜻을 잘 알고 가르치는 자라는 의미에서 확대된 개념의 메시아라는 단어를 사용했을 뿐, 절대적인 메시아는 예수님이라고 하였다.

☞ 캡처한 설교 장면에서도 '나는 절대 신이 아니고 사람이에요' 등 완전한 구세주나 메시아 등 이런 단어는 예수님만 붙일 수 있다고 설교했다.

그래서 이건 저자가 볼 때, 일반적으로 흔히 기독교에서 말하는 '메시아'의 개념과 정명석 목사가 말하는 '메시아'라는 개념이 크게 차이가 난다는 부분을 명확히 해야 할 것 같다.

저자도 선교회 신도들에게 교리에 대한 설명을 듣기 전에는 몰랐는데, 일반적인 기독교에서는 '메시아'를 '신'으로 여긴다고 한다. 그런데 정명석 목사가 말하는 '메시아'는 '신'이 아닌

'인간'이었다. 하나님이 보고 있는 '인간'.

　만약 정 목사가 자신을 신적인 존재라고 스스로 신격화한다면, 설교 중에 자기도 모르는 게 많다고 하거나, 실수도 많이 한다고 얘기하는 것은 모순이지 않은가? **(저자는 이런 설교 내용을 알고 조금 의외였다.)**

> **3. 고소인들과 성적 행위를 한 적도 없고, 피고인과의 성적 행위를 정당화한 교육을 한 사실이 없다.**

　☞ 놀랍게도 이것은 고소인들도 인정하는 내용이었다. 그래서 저자는 더 혼란스러웠다.

　아니, 세뇌의 전제는 '교육'이 아닌가?
　애초에 '교육'을 시키지 않고 '세뇌'하는 것이 가능한가?

　그렇다면 도대체 고소인들은 본인들이 어떻게 세뇌당해서 성 피해를 당했다는 것인지, 도무지 이해가 되지 않았다.

> **4. 키가 크고 예쁜 여성만 선발해 피고인이 자신의 성적 욕망**

> 을 채울 목적으로 '신앙 스타'라는 조직을 만들었다고 하지만, 실제로 '신앙 스타'라는 조직에는 남자들도 다수 있으며 마치 천주교의 수녀/신부와도 같다.(혹은 불교의 스님들 - 신앙을 위해서 결혼하지 않음.)

☞ 애초에 저자가 취재를 통해 체득한 바로는 모든 '신앙 스타'인 여성들이 키가 큰 것도 아니고, 예쁜 사람만 있는 것도 아니었다. **(물론 이건 지극히 저자의 주관적인 기준을 적용한 것이지만… 내 나름대로 미(美)의 기준이 범인의 범주에서 크게 벗어나지 않는다고 생각한다!)**

> 5. 공소장에 가장 큰 문제는 종교적 세뇌와 성적 세뇌가 구분돼 있지 않은 점이며, 고소인들이 항거불능 상태였다는 사실이 인정되기 위해서는 교인들에게 명시적인 성적 행위에 대해 지시하거나 교인들이 세뇌돼 판단력을 상실한 뒤 꼭두각시가 됐다는 사실이 인정되어야 한다.

☞ 3항에서 저자가 지적했던 부분과도 맥이 같아 보인다. 저자도 변호인의 말에 충분히 일리가 있다고 생각했다.

> 6. 고소인이 지인과 대화한 SNS 대화를 살펴보면 피고인이 자신에게 전혀 관심을 안 보여준다는 취지로 메시지를 보내 항거불능 상태가 아니었고 실질적인 범죄 행위 자체도 없었다.

☞ 단순한 '진술'이나 '주장'이 아니라, 이렇게 실제적인 증거자료들이 존재한다는 점에서 저자는 다시 한번 놀랐다.

> 7. 특히 해당 신도들이 외부 사람과 자유롭게 접촉할 수 있었으며 고소인이 서울에 있는 대학교를 다니며 남자친구를 만나거나 다른 교회에서 교육을 받을 수도 있었기 때문에 정명석 목사가 절대적인 영향력을 미치지 않았다는 점을 내세웠다.

☞ 이것도 변호인의 반박이 예리하다고 생각했다. 취재를 통해 직접 알게 되었는데, 세간의 선입견과는 달리 선교회는 혼전 순결을 매우 중요시하고, 미혼의 남녀가 이성 교제를 하는 것에 대해서도 금기시할 정도다.

특히 고소인들은 신앙을 위해서 결혼하지 않고 살겠다고 서약한 '신앙 스타'들이었다. 일반 신도들보다 오히려 이성에 대해서 더욱 철저했어야 정상이다.

그러나 이런 정명석 목사의 가르침과 선교회의 규율을 어기고, 고소인들은 자유롭게 이성을 만나며 교제하였다.

고소인들의 주장대로 정말 꼭두각시처럼 세뇌가 되어 있었다면, 이런 부분들에서부터 철저하게 정명석 목사의 가르침이 지켜져야 했던 것이 아닌가?

아니면… 세뇌도 선택적으로 당할 수 있는 걸까?

☐ **변호인** : ① **녹취록의 원본 여부 입증**
　　　　　　② **재판부 직접 현장 검증 주장**
검　사 : 이해가 되지 않는다.

> • **변호인** : 검찰이 증거로 제시한 녹음 녹취파일에 대해서도 해당 파일의 원본이 없으며, 현재 제출된 파일은 사본으로 웹 디스크에 올라간 파일을 내려받은 것이다.
>
> 그렇기에 국과수를 통해 원본 그대로라는 사실이 입증되어야 하며, 피고인의 방어권 행사를 위해 범행이 이뤄졌다는 장소에 대한 현장검증이 필요하다.

- **검　찰** : 당시 범행이 이뤄졌던 장소인 수련원을 경찰과 변호사 등 관계자들이 지난해 6월 현장검증을 마쳤고 사진과 영상 등이 충분히 있다. 제출된 이 증거에 대해 부동의하고서 추가로 현장검증을 요청하는 것은 이해가 되지 않는다.

- **변호인** : 현장검증 당시 수사기관이 편견을 갖고 현장검증에 임했으며 제대로 된 검증을 위해서 재판부가 직접 현장에 방문해 범행이 가능했을지 확인해야 한다.

- **판　사** : 재판 일정이 촉박, 현장검증을 가게 될지 의문이 있어 누락된 사진이나 영상은 추가로 제출하는 것도 가능하다.

왜, 현장검증이 필요한가?

　본 사건 현장은 일반적인 장소가 아니어서, 구체적인 현장의 모습이 상상조차 되지 않는 특수성이 있다. 그래서 공소사실의 이해를 위해서라도 현장검증이 필요한 것이다.
　실제로 경찰(위에서 언급했던 조 모씨)의 현장 관련 수사보고도 잘못되었는데, 경찰의 현장 관련 수사보고서에는 316관 응접실이 아닌 다른 층 선팅을 두고서, '316관 응접실이 짙게 선팅되어 있어 밖에서 보이지 않는다'고 하는 등 사실과 달리 기재되어 있다. 또한 일부 공소사실과 관련하여 현장 상황상 고소인 주장의 동선이나 공간 확보, 고소인 주장 행위가 불가능하다는 것이 밝혀졌다.

그럼에도 불구하고 1심 담당 판사는, (현장을 잘 모르는 수사관이 대략 눈대중으로 임의로 사실과 다르게 기재한) 수사 보고만으로 충분하다면서 변호인의 현장검증 신청을 불허했다.

다음 사진들은 고소인 A가 주장하는 몇 가지 공소사실들의 현장이다. 성범죄 특성상 공소사실을 상세히 기술하기에는 제한이 있고, 그래도 공익목적으로 최소한으로 설명하도록 하겠다.

현장사진1. 정명석 목사의 응접실

홍콩 고소인 A는 위의 집무실 병풍 뒤에 다른 교인이 있는 상황임에도 불구하고, 자신을 성추행했다고 주장하고 있음.

현장사진2. 월명동 운동장의 천막 텐트

홍콩 고소인 A는 위와 같이 사방벽면이 투명한 천막 텐트에서 다수의 교인이 모여있는데, 정명석 목사가 자신을 추행했다고 주장하고 있음.

한편, 또 다른 탈퇴자의 증언은 고소인 A의 증언과 달라서 진술의 신빙성이 의심됨.

현장사진3. 제네시스 승용차 뒷자석

현장사진4. 제네시스 승용차 뒷자석

홍콩 고소인 A는 위의 제네시스 차량 뒷좌석에서 추행당했다고 하는데, 실제로는 차량에 암 레스트가 있어서 가운데 자리에 앉을 수 없음에도 불구하고 정명석 목사가 가운데 자리에 앉아서 자신을 추행했다고 진술함.

당시 운전석에는 또 다른 여성 신도가 운전하고 있었음에도 추행을 못 봤을 것이라고 주장함.

이처럼 고소인의 주장은 곧이 곧대로 사실로 받아 들이기에는 진술의 신빙성이 의심되는 부분이 다소 있었다. 언론보도만 봤을 때는 따져 볼 것도 없이 정명석 목사의 성범죄가 사실인 것 같았지만 사건의 실상을 자세히 취재하면 할수록 대중들에게 알려진 것과는 다르다는 느낌을 받았다.

집회 현장에 걸려 있는 현수막

여론에 따라 기울어지는 오류 재판

2023년 2월 17일 : 방송금지가처분[6] 신청 기각

선교회 측은 2023년 2월 17일, 고소인들의 주장만을 일방적으로 반영하여 만든 넷플릭스 다큐멘터리 '나는 신이다'에 대해서 방송가처분 신청을 냈다. 하지만 이는 기각되었고, 결국 3월 3일 예정대로 공개되었다.

왜 대응하지 않았나?

고소인 측의 기자회견은 2022년 3월 16일이었다. 그리고 당시에도 이미 넷플릭스 '나는 신이다'는 제작이 예고되어 있었다. 대응할 수 있는 시간적 여유가 충분했다는 말이다.

그런데 선교회는 왜 넷플릭스 방영을 고작 보름 정도 남겨놓

---

6   방송금지가처분(이하 '가처분') : 피해를 입을 가능성이 있는 언론 보도에 대해 법원으로부터 보도 금지 재판을 받아 이를 막는 사전적 구제 수단으로 보통 가처분 명령 형식으로 신속히 이루어진다.

은 2023년 2월 17일에 방송가처분 신청을 뒤늦게 한 것일까? 이 점에서도 저자는 선교회 내부에 문제가 있다고 보고 있다. 아예 안 하는 것보다야 낫겠지만, 그 시점에서는 신청해봤자 제대로 검토할 시간적 여유가 없어서 기각됨은 뻔한 일이다.

그리고 넷플릭스 다큐멘터리 '나는 신이다'에 함께 포함된 '종교단체 A'는 넷플릭스와 이를 제작한 MBC, 조성현 PD를 상대로 소송을 제기하였다.

그런데 정명석 목사의 기독교복음선교회는 가처분 신청만 하고**(이마저도 너무 늦게 조치하여 어차피 기각될 수밖에 없는 시점에 했다.)** 현재까지도 MBC와 조성현 PD 상대로 소송은 진행하지 않고 있는데, 최근에 조PD는 월명동 입구 현장에서 불법 취재를 시도했다.

왜 이 당시에는 적극적으로 대응하지 않았던 것일까?
이 점에도 저자는 정황상 '2인자'였던 김지선과 내부의 공모자들이 밀접한 관련이 있지 않았을까- 하는 생각이 들었다.

넷플릭스 포스터

넷플릭스의 영향

대한민국을 흔들었던 넷플릭스 다큐멘터리 '나는 신이다'가 방송되면서, 정명석 목사의 재판은 180도 확 달라졌다. 그야말로 천국에서 지옥으로 가는 것처럼.

▶ 극심한 여론 악화

> 2023년 넷플릭스 '나는 신이다'가 공개된 이후,
> 3월 한 달간 약 5천 건의 악평 기사가 쏟아져 나오며,
> 전 세계적으로 유례가 없는 수준으로 주목을 받게 되었다.

사실 확인 과정이 없는, 언론의 수많은 악평 보도로 인해서 전 세계에 걸쳐 있는 선교회의 수만 명 회원들은 극심한 인권침해를 겪어야 했다.

특히 피해는 정명석 목사의 재판이 진행 중이었던 한국에서 더욱 심각했다.

저자가 취재한 바에 의하면 이 방송으로 인해서 선교회 신도들은 직장에서 부당하게 해고되거나 불이익을 받기도 했고, 선

교회 회원임이 알려지게 된 자영업자들은 불매 운동이 일어나면서 어쩔 수 없이 폐업을 해야 했다.

선교회 신도라는 것이 밝혀진 청소년들은 학교에서 왕따를 당하게 되었고, 많은 가정에서 극심한 불화가 일어났다. 심지어 이혼하게 된 가정들도 다수 있었다.

우연히 'JMS'라는 상호명을 쓰는 단체들은 공연히 함께 피해를 당하기도 하는 등 웃지 못할 해프닝도 벌어졌다.

종교의 자유가 있는 21세기 대한민국에서, 특정 종교에 속해 있다는 이유로 이러한 불이익을 받는 것을 볼 때, 진실이 아닌 가짜 뉴스의 피해는 너무도 비참했다. 그야말로 현대판 마녀사냥이었다. 이 때 이러한 현실에 빠져버린 1심 재판부 그들은 정말 한심한 법관들이었다.

▶ 검찰의 엄정 대응 발표

여론이 이렇듯 극심하게 악화되자 2023년 3월 6일, 이원석 검찰총장은 "선교회 정명석이 엄정 형벌 선고되도록 최선을 다하겠다."라고 직접 나서서 입장을 밝히기까지 했다.

이미 우리가 앞에서 살펴봤던 것처럼, 이 재판 내용의 사실을 신중하게 따져봐야 할 내용들이 많은데도 사건에 대해서 제대로 확인 없이 검찰총장이라는 자가 그냥 무조건 한마디 한 것이다.

▶ 변호인 6명 대거 사임

2023년 3월 13일. 정명석 목사의 변호인단에 있던 법무법인 광장은 사임하겠다고 의사를 표명하였고 구체적인 이유는 밝힐 수 없다고 하였다. 그밖에 또 다른 변호인 1명도 사임하였다.

저자는 처음에 생각하기로는, 극심하게 악화된 여론이 부담스러워서 그렇지 않았나 싶었다. 그런데 또 한편 생각해보니, 다른 변호인은 그렇다 쳐도 우리나라 10대 로펌에 빠지지 않는 '법무법인 광장'이 사임한다는 것은 조금 의아했다.

저자의 생각이 너무 앞서 나간 것일 수도 있지만, 어쩌면 이것도 당시 선교회 내부와의 어떤 커넥션이 있었던 것이라고 생각이 된다. 정의와 진실을 파헤치기 위해서라도 변호인 그들은 끝까지 가야 했다. 그렇지 않았기에 1심 재판부도 사건을 무시하고 사상 유례가 없는 23년을 때린 것이 아닌가.

이 부분도 관심을 가지고 취재해 봤지만, 신도들 사이에서도 저마다 나오는 말이 무성했다.

반 JMS 활동가 K를 규탄하는 교인들

1심 4차 공판

대전지법 제12형사부
23. 3. 7. 2p.m.
230호 법정

☐ 홍콩 고소인 A의 남자친구 증인 출석
 - 남자친구가 A에게 SNS 통해 녹취 조언
 - 남자친구가 녹취파일 건네받아 경찰에 제출

고소인 A 남자친구는 군복무 때 남수단 파병을 지원하기 위해 영어 과외 교사를 알아보던 중 고소인 A를 만났다고 한다. 그리고 2021년 5월 19일부터 같은 달 28일까지 과외를 받은 뒤 연인 사이로 발전해 자주 만났다고 했으나, 현재는 헤어진 사이라고 했다.

그는 SNS(왓츠앱)를 통해서 A에게 "정명석 목사에게 성 피해를 당할 경우 녹음을 해라"고 했고, 이 녹음이 바로 법정에 핵심 증거로 제출된 '1시간 37분 14초'짜리 녹취파일이다. A의 친구가 정 목사에게 성 피해를 당할 경우 녹음을 하라고 했다면 이 것은 이미 사전에 계획된, 조작된, 짜여진 사건으로 볼 수 있다.

JTBC에서 녹취파일을 공개할 당시 뉴스화면

고소인 측은 이 녹취파일을 '22년 7월경 JTBC 뉴스룸에서 일부 공개하기도 했다.

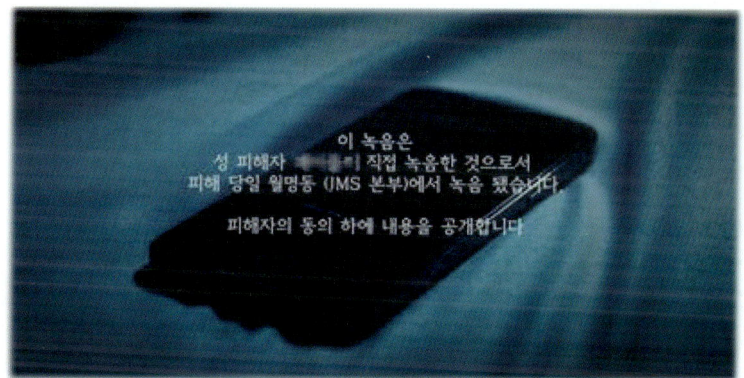

'나는 신이다'에서 녹취파일을 공개할 당시 화면

이후 2023년 3월경에는 넷플릭스 '나는 신이다'에서도 공개했는데, 성범죄 피해자가 성피해 당시 자신의 육성이 녹음된 파일을 다국적 OTT를 통해서 전 세계로 송출한다는 것은 굉장히 이례적인… 아니, 아마 전 세계 어디에도 없을 유일무이한 사례가 아닌가 싶다. 이는 분명 기획된 음모라고 볼 수 있다.

저자는 건강한 대한민국 남아로 태어났지만, 만약 나도 여성이고 이런 성 피해를 당하였다고 가정해보면?

넷플릭스나 MBC에서 출연료를 100억을 준다고 해도, 저렇게는 못 할 것 같다. 돈이 문제가 아니라, 끔찍한 트라우마가 전 세계에 상영되고 영원히 박제될지도 모르는 일이 아닌가.

사람마다 다르긴 하겠지만, 저자는 도무지 이해되지 않는 사건이었다.

☐ 변호인
결정적인 증거 : DNA 채취 조언은 왜 안했나?

- **변호인** : 두 사람이 호감을 갖던 시기인데 A가 성폭행당한 사실을 증인에게 말한 것이 이해가 가지 않는다. 그리고 결정적인 증거를 수집하려면 녹음 외에도 DNA를 채취했어야 하는데, 그런 조언을 하지 않은 이유가 뭐냐.

- **남자친구** : 그 당시 A는 정신적으로 혼란스러운 상태였고

> 신고할만한 심적인 여유가 없었던 것으로 안다.
> 주변 분 도움으로 신고를 결심하게 된 것이다.
>
> • **검 찰** : 일반인이 그런 상황에서 그런(DNA 채취) 조언을
> 하기가 쉽지 않았을 것이다.

고소인은 정목사를 고소하려고 계획적으로 녹음을 했다고 한다. 그런데 왜 성범죄 사건에서의 결정적인 증거인 DNA 채취를 하지 않았을까? 이것도 확실히 의혹이 가는 이상한 부분이다.

검찰은 일반인이 DNA 채취를 하라는 조언을 하기가 쉽지 않았을 것이라고 하는데, 이 부분은 매우 납득이 되지 않는다.
왜냐하면 저자도 법률가가 아니지만, 성범죄 사건에서 DNA가 결정적인 증거가 된다는 것쯤은 잘 알고 있기 때문이다.

실제로 우리 사회에서는 DNA를 통해서 성범죄를 확실하게 밝혀낸 경우들이 다수 있고, 이런 사례들이 뉴스에 종종 나와서 크게 이슈가 되고 있다.

사회적으로 공분을 샀던 부산 돌려차기 사건도 피해자의 청

바지에서 고소인의 DNA가 나와서 성범죄임을 확실히 밝혀 낼 수 있었고, 그밖에 이춘재 사건 등 여러 장기 미제 사건들도 DNA를 통해서 진실이 밝혀졌기 때문이다.

증인으로 나온 고소인 A의 남자친구가 한 말도 뭔가 앞뒤가 안 맞는다는 생각이 든다. 신고할만한 심적인 여유가 없었는데, 성폭행을 당하면서 계획적으로 녹음을 했다는 말인가? 게다가 고소인 A는 이미 남자친구의 조언으로 클럽에서 만났던 어느 남성을 강제 추행으로 고소한 경험도 있었다고 한다.

☐ 재판장, 넷플릭스 '나는 신이다'로 인해 여론이 극악해진 이후, 돌연 구속기간 만기(2023년 4월 27일) 내에 종결하겠다는 의사를 일방적으로 표명

정명석 목사와 변호인들에게는 청천벽력 같은 소리였다. 아직 파헤쳐야 할 의문이 한 두 가지가 아닌데, 벌써 변론을 종결하겠다니…

지금도 물론 정명석 목사에 대한 여론이 좋은 것은 아니지만, 그래도 작년 3월에 넷플릭스 '나는 신이다'가 막 공개되었을 때는 사회 여론의 인식이 최악으로 치닫고 있을 때였다.

이런 분위기 속에서 선고를 내리면 당연히 부정적인 결과를 예상할 수밖에 없는 상황이었다.

☐ 변호인, 피고인 증인신문 예정 – 증인 20여 명 신청

성범죄의 특성상 성폭행은 밀실이나 은밀한 공간에서 가해자와 피해자만 있을 때 일어난 경우가 많다. 그래서 목격자가 없는 경우가 대부분이며, 만약 목격자가 있다면 결정적인 증인이 된다.

그런데 이번 정명석 목사 사건은 다른 성범죄 사건들과 확연하게 다른 것이, 범행 장소가 대부분 청중에게 개방된 장소였다는 것이다. 그리고 범행 현장에서도 정명석 목사와 고소인들 외에도 다수의 사람이 있었던 경우가 많다.

그렇다면, 간단한 일 아닌가?
고소인들이 주장하는 범죄 사실이 허위라면, 함께 있었던 목격자들이 증인이 제대로 이루어지면 되는 것이다.

하지만 1심 재판부에서는 당시 현장에 있었다는 대부분의 선교회 회원을 증인으로 인정하지 않았다. 왜냐하면, 어차피 선교회 회원들이고 다 세뇌되어서 정명석 목사에게 유리한 증언만 할 것이 뻔하다는 논리였다. 어떻게 이런 멍청하고 어리석은 재판부가 있는가? 심지어 정명석 목사를 위해서 증언한 다수의 회원은 방조범으로 기소당하기도 했다.

목격자들이 그렇게 많은 상황에서 다들 지켜보는 가운데 정명석 목사가 당당하게 성추행했다는 고소인들도 그렇고, 당시 상황에서의 목격자들을 전부 방조범으로 만들어 버리는 현실을 볼 때 이는 분명 무죄를 유죄로 만들려는 선교회 측과 재판부의 합작으로 생각했다.

살다 살다, 이런 사건은 또 처음 봤다.

☐ 변호인, 헌법이 보장하는 무죄추정 원칙이 준수되는 재판 요청

언론에서 관련 보도가 잇따르고 검찰 측에서도 이례적으로 검찰총장이 나서서 입장을 냈지만, 피고인이 방어권을 행사할 수 있는 권한은 보장돼야만 한다.

또한 지금 재판이 끝나기도 전에 벌써 온 국민이 정명석 목사를 천인공노할 추악한 성범죄자로 몰아가고 있는데, 헌법에서 명시하고 있는 '무죄추정 원칙'은 반드시 지켜져야만 한다.

열 명의 도둑을 놓치더라도 한 명의 억울한 사람을 만들어서는 안 된다는 것이다. 가뜩이나 이번 정명석 목사 사건은 앞서 얘기한 것처럼 고소인들의 얘기를 무조건적으로 신뢰하기에는 수상한 점이 굉장히 많다.

법정에서의 반대 심문 및 철저한 증거조사 등을 통해 실체적 진실이 무엇인지 깊이 있게 심리할 필요가 있다.

그렇지만 1심 재판부는 모든 것을 무시했다.
취재하는 내내 저자는 마음 한 켠이 너무도 무거웠다.

무죄추정 원칙이란?

> <대한민국 헌법 제27조>
> ④ 형사피고인은 유죄의 판결이 확정될 때까지는 무죄로 추정한다.

> **<형사소송법 제275조의 2(피고인의 무죄추정)>**
> 피고인은 유죄의 판결이 확정될 때까지는 무죄로 추정된다.

'무죄추정'에서 '추정'은 법률용어로서, 확실하지 않은 사실을 그 반대 증거가 제시될 때까지 진실한 것으로 인정하여 법적 효과를 발생시키는 일을 뜻한다.

이 법적 효력은 형사 재판을 통해 최종적으로 유죄 확정될 때까지 지속한다. 반대로, 무죄가 확정되면 무죄로서의 법적 효력은 계속 간다. 그래서 공판절차에서 범죄의 입증 책임은 피고인이 아닌 검사가 지게 된다.

좀 어렵게 들릴 수 있는데, 피고인은 '유죄'가 확정될 때까지 무죄라는 뜻이다. 그리고 재판에서는 검사가 피고인이 죄가 있다는 것을 밝혀야 한다는 것이다. 피고인이 자신이 왜 무죄인지 입증하는 것이 아니기 때문이다.

2023년 3월 12일
2인자 김지선 '정명석 목사의 범행 인정'

'나는 신이다' 방영 이후 2인자 김지선이 주도한 모임

고소인 측의 주장만을 일방적으로 담은 넷플릭스 '나는 신이다'의 방영으로 인해, 선교회의 수많은 신도가 혼란에 빠져 있을 때였다.

이날, 소위 선교회의 '2인자' 지위에 있던 김지선은 자신이 시무하던 주님의 흰돌교회에서 '지도자 모임'을 한다고 다수의 교인을 불러 모았다. 참석 대상은 교회 내에서 사명(직책)을 맡고 있는 사람들이었지만, 본인이 스스로 지도자라고 생각하는 사람들은 모두가 자유롭게 참석할 수 있도록 했다.

이에 수많은 신도가 참석했다. 선교회 신도들 모두가 힘들고 어려운 상황이었고, '정조은 목사라면 뭔가 대응책을 얘기해주겠지.'라는 기대감도 있었다.

그러나 교회 내 주요 지도자들 및 수많은 신도를 불러 모은 김지선은 뜬금없이 충격적인 발언을 했다. **고소인들이 주장하는 정명석 목사의 성범죄가 사실이라는 것이었다. 또한 고소인이 제출한 녹취파일도 조작된 것이 아니라 '진짜'이며, 넷플릭스 '나는 신이다'의 모든 내용 역시 사실이라고 했다.**

한마디로, 반 선교회 활동가 K로 대표되는 반대 세력이 과거부터 주장해온 정명석 목사에 대한 성범죄 의혹이 전부 사실이라는 것이다. 단상에서 울먹거리며 "지난 과오가 있다면 청산할 최고의 기회는 바로 지금이다."라고 말을 했다. 이런 내용을 볼 때 저자는 이 사건이 의도적, 고의적으로 기획된 사건으로 정 목사를 죽이려는 것으로 판단했다.

"맙소사⋯ 지금 내가 무슨 소릴 들은 거지?"
이날 자리에 모인 신도들은 핵폭탄이라도 맞은 것 같은 기분이었다. 이날은 선교회 신도 모두에게 잊을 수 없는 충격과 배신의 날이었다.

김지선은 마치 '진실 고백' 또는 '내부고발' 같은 뉘앙스로 얘기를 했으나, 그녀가 했던 말에는 많은 거짓말이 있었다.

일단 저자가 책의 서두에서 쓴 것처럼, 고소인 측 말만 듣고 만든 넷플릭스 '나는 신이다'는 확실하게 거짓된 내용이 다수 포함되어 있다. 그리고 현재는 고소인이 제출한 녹취파일도 이제 등사가 허용되어서(항소심 3차) 소위 '짜깁기'라고 하는 편집을 거친 것이 모두 드러났다.

이밖에 김지선은 단상에서 내려와서도 무려 5시간이 넘도록 계속 신도들과 대화를 이어갔는데, "정명석 목사의 성범죄를 은폐하려는 선교회의 중직자들에게 질려서, 함께 일하던 20대 후반에서 30대 젊은 지도자들이 전부 선교회를 나갔다."라고 말 했다. 그런데 이때 한 신도는 깜짝 놀랐는데, 최근에 개인적으로 있었던 일로 인해서 그 젊은 지도자들이 누군지 알 것 같았기 때문이었다. 그래서 물어봤다.

"혹시 그 젊은 지도자들이 신촌 ○○교회 출신 아닙니까?"

김지선은 상대가 이미 알고 있다 느꼈는지, 맞다고 인정했다. 그러자 그 신도는 정신이 번쩍 들었다고 했는데, 그 이유는 몇

주 전에 김지선과 함께 일하다가 선교회를 탈퇴했다는 '젊은 지도자'의 얘기를 직접 들었는데, 김지선이 했던 얘기와 전혀 달랐기 때문이었다. 이 신도가 들었던 말은 '정명석 목사의 성범죄를 은폐하려는 선교회 중직자들에게 질려서' 선교회를 탈퇴했다는 것이 아니었다. 그때 들었던 말은 분명히…

"선교회에 대한 편파적 악평 방송 때문에 사람들이 모두가 이렇게 힘들어하는데, 이런 상황에서도 선교회의 재산과 권력을 차지하려는 김지선에게 질려서 탈퇴했다."

그리고 그 신도는 또 추가로 무슨 말을 들었냐 하면.

"(김지선이) 여태까지 단상에 서서 힘차게 말씀 전하고 성령집회 하고 했던 것들, 하나님의 역사인 줄 알았는데 그게 아니었다. 자기가 다 물질적으로 해 먹으려고 했던 것들이었다."

이 얘기를 들을 당시에는 탈퇴자가 선교회를 나가서 악감정으로 부흥강사 김지선을 비난하는구나— 라고 생각하며 대수롭지 않게 여겼지만 이날 김지선이 하는 짓을 보고는 너무 놀랐다고 한다.

취재를 하는 저자도 충격이었다.

그리고 이 신도의 얘기를 계속 들어봤다.

"만약 이 말이 사실이면, 말로만 이렇게 할 것이 아니라 확실한 증거가 있어야 하고, 또 여기에 있는 사람들만 알 것이 아니라 선교회 전체가 알아야 하지 않겠습니까?"

우회적으로 돌려서 얘기했지만, 즉 증거를 대라는 말이었다. 그러자 김지선은 방긋방긋 웃으면서 "내가 정명석 목사와 이성 관계를 하는 여자 목사들을 만나서 직접 얘기해보려고 했는데, 계속 피해 다니고 나랑 만나면 엉뚱한 얘기만 하더라"고 대답했다.

즉, 본인이 했던 말에 증거는 없다는 것이었다. 그리고 김지선과 함께 흰돌 교회를 목회했던 'R'의 아내는 갑자기 자리에서 벌떡 일어나더니 자기도 진실을 고백해야 할 것이 있다고 말했다.

"전반기(1999년, 정명석 목사가 해외선교를 나가기 이전)에 선생님(정명석 목사)의 성범죄 때문에 자살한 숙명여대 후배가 두 명 있습니다."

지금 와서 생각하면, 너무 뜬금없었고 짜여진 각본인데 아마추어 배우가 연기하는 것처럼 어색했다고 한다. 그런데 당시에는 모두가 너무 충격을 받고 혼란스러워하여 경황이 없던 상황이었다고 했다.

이 말도 거짓말로 판명 난 것이, 일단 자살한 숙명여대의 신도는 한 명이었다. 그런데 그 신도가 자살하게 된 경위는 성범죄와는 전혀 상관없었다.

그리고 이 자살했던 신도의 친척이 현재까지도 선교회의 신도로 있는데, 이날로부터 며칠 뒤에 소식을 듣고 R의 아내에게 거센 항의를 했다고 한다.

"당시 그 사건(숙대 신도 자살)이 그런 사건(성범죄)이 아닌데, 왜 그런 식으로 얘기해서 많은 사람이 오해하게 하냐? 당장 사과하고 정정해라."

그러나 R의 아내는 사과하지도, 정정하지도 않았고, 선교회와 관련된 모든 카톡방에서 나가버리고 그대로 잠적했다고 하는데… 얘기를 들으면 들을수록 놀랍고, 충격이었다.

이후에 밝혀졌지만, 김지선은 이날보다 훨씬 전부터 "정명석 목사의 성범죄가 사실이다."라는 식으로 소문을 내고 다녔다. 심지어 '나는 신이다'가 공개되기 전부터 '가편집본'을 갖고 있어서 사람들에게 몰래 보여주고 다녔다고 한다.

이때 김지선이 단상에서 했던 발언도 선교회의 공식 방송 플랫폼과 유튜브에 즉시 업로드되어서 전 세계 선교회 신도들이 다 볼 수 있도록 만들었다.

2인자 김지선에 대한 충격적이면서도, 흥미진진한 이야기는 '2인자 김지선의 음모와 배신'에서 자세히 다루도록 하겠다.

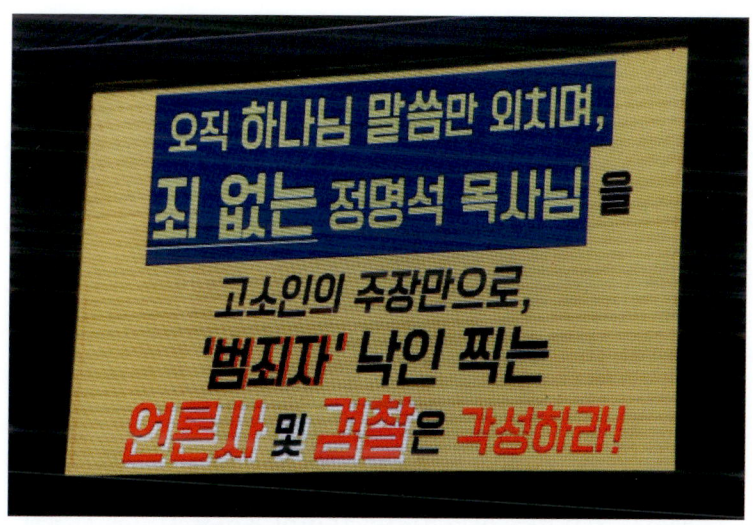

교인들이 자발적으로 모인 집회 현장의 전광판

1심 5차 공판

대전지법 제12형사부
23. 3. 21. 2p.m.
230호 법정

☐ 6명의 변호인 사임 & 증인 불출석

변호인들이 대거 사임하면서, 이날 재판에는 2명의 변호사만 출석했다. 변호인들은 4차 공판에서 20명의 증인을 신청했고 이들 중에서 다섯 명의 증인신문이 이뤄질 예정이었으나, 증인들이 출석하지 않아 증인 신문 절차가 이뤄지지 않았다.

<변호인 주장>

▶ **증인 5명을 신청**했는데 **재판부에서는 3시간 내로 모든 증인 신문을 마치라고 하는 상황**에서 실질적으로 주어진 시간 내에는 1~2명의 증인신문밖에 할 수 없는데 이는 피고인 방어권 보장이나 공판중심주의와 맞지 않는다고 생각한다.

▶ 검찰 측 증인은 다 나와서 진술했는데 피고인 측 증인을 배제하는 것은 맞지 않고 적어도 15명의 증인을 신청해 실체적

진실을 발견할 의무가 있고 피고인 방어권을 보장해야 한다.

▶ 특히 증인신문을 통해 교리 문제와 세뇌 문제에 대해 신문할 수밖에 없고 집중심리를 하더라도 구속기간과 상관없이 진실 발견에 노력해야 하며 이를 위해서는 신청한 5명의 증인이 아닌 1~2명의 증인신문은 큰 의미가 없다.

<검찰측 주장>

▶ 정씨 측에서 신청한 증인 중 대부분 참고인 등 진술서 형태로 조사가 다 이뤄졌다. 수사 단계에서 충분히 진술이 현출됐다고 보이며 신문 필요성은 없다. 정 씨 측 변호인의 행동이 재판을 지연시키려는 의도가 있다.

이에 재판부는 "이미 정 씨 측 증인신문을 진행하기로 결정했는데, 정 씨 측 변호인이 신청한 증인을 모두 법정에 출석시키지도 않았다. 이런 식으로 증인신문을 거부해도, 신청한 증인 전부를 신문할 수 없다."라고 말했다.

변호인의 호소에도 불구하고, 재판부의 태도는 냉랭하게만 느껴졌다. 또한 넷플릭스 '나는 신이다' 방영과 3월 12일에 있었던 충격적인 '2인자의 발언'으로 재판이 점점 어려워져 가고 있음을 느꼈다.

그런데 좀 이상하다는 생각이 드는 부분이 있었다.

아무리 재판부에 불만이 있어도 그렇지, 어떻게 이 중요한 순간에 증인이 단 한 명도 출석을 안 했는지 의문이다. 당시 변호인이 1~2명만 하는 증인신문은 큰 의미가 없다는 주장은 다소 황당하고 어이없게 들리기까지 했다.

재판에서의 증인은 사실의 중요성이다. 증인으로 부른 사람이 얼마나 사건에 대해서 실체적인 진실을 말해줄 수 있느냐가 문제이다. 따라서 한 명만 증인으로 출석하더라도 핵심적인 증언이 나올 경우에는 사건의 판도가 크게 달라지기도 한다.

그렇다면 상황이야 어찌 됐든 증인을 부르는 것이 맞는데, 아예 증인들을 한 명도 부르지 않다니… 재판부는 분명 직무유기를 한 것이다.

어떻게 된 일인지 궁금해서, 당시 증인 준비를 맡았던 변호사가 누구인지 알아봤다. 그랬더니 당시 교단 대표이기도 했던 'Y'와 선교회 신도인 변호사 'G'라고 했다.

이들은 증인들이 모두 준비됐다고 했었는데, 증인으로 출석하기로 했던 김 모씨는 연락을 받은 적이 없고, 재판 하루 전날에 갑자기 연락을 받았다고 한다. 이를 보더라도 이 사건은 분명 음모가 있는 사건이었다.

일각에서는 이대로 있으면 피고인의 방어권이 침해된 채로 재판이 부당하게 종결될 것이기에, 재판이 부당하게 종결되는 것을 막고자 이렇게 극단적인 방법을 사용했다는 얘기도 들었다. 그러나 이게 정명석 목사의 재판이 공정하게 흘러가도록 하는 데 정말로 도움이 됐나? 아니었다. 이 때문에 그는 23년의 중형을 당했다.

솔직히 저자는 이때 의혹적인 시각으로 바라봤고, 오히려 재판에 악영향을 준 것으로 생각된다. 정명석 목사는 아무도 자신을 위한 증인이 출석하지 않은 재판에서 판사와 검사들, 모여든 방청객들에게 황당하고 우스꽝스러운 모양새가 되어 버렸다. Y에 대해서는 '합의서'에서 좀 더 심층적으로 다뤄보도록 하겠다.

그리고 이날 법정에 출석하지 못한 증인들 중 일부는 검찰에서 '방조범'으로 기소했다.

이것도 안타까운 부분이다. 만약 이날 정명석 목사 측에서 증인으로 섰다면, 방조범은 되지 않았을 것이다.

모르긴 몰라도, 이런 상황이었다면 검찰도 꽤나 눈치가 보였을 거라고 생각한다. 피고인 측 증인으로 섰던 사람을 '방조범'으로 만들어 버렸으니 말이다.

애초에 사건 현장에 있었던 증인들의 말을 선교회 신도라는 이유만으로 배척하고, 고소인들의 말은 전부 사실로 받아들여서 피고인의 증인들을 전부 방조범으로 만들어 버리는 경우는 지금까지 저자로서는 처음 보았다.
재판의 상황은 점점 더 어려워져만 가고 있었다.

2023년 3월 23일
검·경 합동 200명 월명동 압수수색

아직은 조금 쌀쌀한 봄날의 오후.
갑자기 월명동 자연성전 입구로 웬 봉고차들 수십 대가 들이닥쳤다. 선교회 사람들은 깜짝 놀라서 도대체 이게 무슨 일인가 싶었는데, 한편으로는 '결국 이렇게까지 되는구나' 했다고 한다.

월명동 자연성전 초소를 통과하는 검·경 차량들

압수수색이었다.

연일 쏟아지는 부정적인 보도와 검찰총장까지 나서서 엄중 처벌하겠다고 입장을 밝힌 바 있었고, 검찰에서는 선교회에 대하여 색안경을 끼고 조직적인 성범죄를 일삼는 범죄단체로 규정하고 있는 상황이었으니… 압수수색은 당연했다.

선교회 신도들은 혹시 올지도 모른다고 생각하기는 했지만, 정말로 현실이 될 줄은 몰랐다.

조사원 규모는 무려 200명.

충남경찰청과 대전지검은 각각 수사관 등을 포함한 인력 80명과 120명을 투입해서, 대대적으로 진행했다. 아무래도 선교회를 흉악한 범죄집단으로 보고 있었으니, 대규모 폭력사태가 일어날 수도 있다고 예상하고 만반의 준비를 해서 온 것 같았다.

하지만 압수수색 현장에 있었던 선교회 관계자들은 순순히 협조했고, 압수수색 나온 검찰과 경찰들은 교단에서 보관하고 있던 어마어마한 설교 말씀의 분량에 놀랐다고 전해 들었다.

하긴, 그럴 수밖에 없었을 것이다. 정명석 목사는 해외선교 기간에도 계속 말씀을 전했고, 심지어 지난 10년 동안 복역 중에도 주일, 수요, 새벽 말씀을 단 한 번도 빠지지 않고 전했다고 하니… 놀라울 따름이다.

그리고 K와 안티 세력이 만들어 놓은 프레임과는 달리, 선교회 신도들은 대부분 착하고 순수한 사람들이다. 폭력과는 전혀 거리가 먼 사람들이고, 오히려 과격한 행동은 지양하고 있다. 이런 모습들은 뒷부분에서 나올 '시위 집회'를 통해서도 알 수 있다.

경찰은 압수물 분석을 마치는 대로 관련자 조사와 조력자에 대한 혐의 조사 등 수사를 진행할 계획이라고 했다.

언론에 나온 검·경의 압수수색 장면

　검찰 관계자는 충남경찰서와 긴밀히 협력하여 고소인들에 대한 보호와 공소 유지에 힘쓰고, 정명석의 추가 범행과 공범에 대한 엄정한 수사를 통해 죄에 상응하는 처벌이 이루어질 수 있도록 하겠다고 밝혔다.

　하지만 만약 피해자라고 주장하는 고소인들이 사실 배후에 있는 김 모씨와 음모를 꾸민 것이라면? 그래도 검찰이 정명석 목사의 억울함을 밝혀줄까? ….

　아마 '그렇지 않을 것이다'라는 저자 마음속 대답에, 조금 씁쓸하고 착잡한 기분이 되었다.

1심 6차 공판

대전지법 제12형사부

23. 4. 3. 2p.m.

230호 법정

☐ 홍콩 고소인 A 증인 신문
고소인 요청에 따라 비공개 진행

고소인들 요청에 따라 재판도 비공개로 이뤄져 변호인과 사건 관련자 외에는 법정에 들어갈 수 없었다. 하지만 이후에 취재하며 증인신문 때 있었던 일들을 들어보니, 상상도 못 할 충격적인 사건이 있었다. 그리고 고소인의 흥미로운 대답도 듣게 되었다.

☐ 핵심 증거물인 '현장 녹취파일'
삭제로 현출 불가!

이날 비공개 재판에서는 홍콩인 고소인 A가 제출한 이번 사건의 핵심 증거물인 '현장 녹취파일'을 현출(현장 시청)할 예정이었다.

변호인 측이 주장해왔던 것처럼 원본이 아닌 이 사본 파일의 증거능력 여부는 판단을 내리지 않은 채, 재판부가 해당 녹취파일을 법정에서 재생하기로 한 것인데…

비록 원본은 아니지만, 이번 재판의 핵심 증거물로 취급되던 '현장 녹취파일'이 삭제되는 사건이 발생했다. 맙소사!
누가 삭제했냐?
녹취파일을 제출한 홍콩 고소인과 그 변호인 정 모씨. 그리고 정명석 목사 사건을 조사했던 사법 경찰 '조 모씨'였다. **(이 사건은 결국 앞에서 조 모씨가 가담하여 저질렀다는 충격적인 사건이다.)**

아니, 경찰이 형사재판의 증거물을 삭제하다니?
도대체 이건 또 무슨 황당한 경우라는 말인가?
사건의 경위에 대해서 좀 더 자세히 알아보자.

고소인 A가 제출한 녹취파일은 원본이 아니다. 아이클라우드에 있다고 얘기한 사본이다. 그래서 원본과의 동일성을 입증해야 하는데, 그 일환으로 아이클라우드에 있는 녹취파일을 그대로 다운로드하는 과정을 시연하기로 한 것 같다.

물론 이렇게 한다고 한들, 원본과의 동일성이 입증되는지는 의문이다. 정확히 검사가 어떤 식으로 주장하려고 했는지는 모르겠지만…

어쨌든 검찰은 아이클라우드에서 녹취파일을 다운받는 시연에 대한 준비를 고소인의 변호인인 '정 모씨'에게 부탁했다고 한다. **(사실 이 부분도 이상하다. 형사 사건에서 재판 준비는 검사가 해야 하는데, 왜 이걸 고소인의 변호사에게 부탁한다는 말인가?)** 변호인 '정 모씨'는 홍콩 고소인 A가 투숙하는 모텔로 찾아갔고, A를 조사했던 사법 경찰 '조 모씨'도 고소인의 신변 보호 임무를 맡았다면서 모텔로 갔다고 한다.

그런데 이것도 이상한 것이, 피해자의 신변 보호 임무를 맡는 경찰은 따로 있다. 사건을 조사했던 사법 경찰이 자기가 맡았던 사건의 피해자 신변 보호를 맡는 일은 없다는 것이다. 즉, A의 신변 보호를 위해 모텔로 갔다는 조 모씨의 말은 거짓말일 가능성이 매우 매우 농후했다.

어쨌든 고소인 A가 투숙하는 모텔에 모인 세 사람은 '정 모씨'의 아이패드로 A의 아이클라우드를 로그인했다고 하는데,

녹취파일이 보이지 않았다고 한다.

그래서 "이상하다?" 하면서 아이클라우드의 로그인-로그아웃을 여러 번 반복하니까 [동기화를 하시겠습니까?]라는 메시지가 나와서 [예]를 눌렀다는데, 그러자 파일들이 업로드되면서 핵심 증거물인 현장 녹음 파일도 보였다는 것이다.

이후 "내일도 이렇게 하면 되겠네." 하고 아이클라우드를 로그아웃한 후에 정 모씨의 아이패드에서 녹취파일을 삭제했다는데, 갑자기 고소인 A의 아이폰에 있던 녹취파일이 삭제됐다고 한다.

이 기이한 현상에 대해서 설명하기를, "녹취파일은 처음부터 아이클라우드에 없었다. 고소인 A의 아이폰 자체 내장메모리에 저장되어 있었다."라고 했다.

그런데 정 모씨의 아이패드에서 녹취파일을 삭제하니까, 이게 동기화가 되어 있어서 고소인 A의 아이폰 자체 내장메모리에 저장되어 있던 녹취파일까지 삭제되었다는 것이다.

저자는 여기서 아주 더러운 냄새를 확 맡았다.
그것은 뭔가 지저분한 일이 일어났다는 '구린내'였다.

아니, 분명히 고소인 A와 정 모씨, 조 모씨는 아이패드에서 A의 아이클라우드 계정을 '로그아웃'했다고 한다. 그런데 왜 정 모씨의 아이패드에서 녹취파일을 삭제하니까 A의 아이폰 자체에 저장되어 있었던 녹취파일까지 삭제가 되었나?

이건 아이폰, 아이패드, 아이클라우드의 기능상 불가능한 얘기를 하고 있는 것이다. 즉, 이것도 조 모씨가 자신이 고소인 A의 신변 보호를 맡았다고 했던 말처럼 '거짓말'일 가능성이 매우 매우 크다.

그리고 조 모씨는 압수 조서에 자신이 분명히 고소인 A의 아이폰에서 아이클라우드가 접속이 되어 있고, 거기에 녹취파일이 있다는 것을 분명히 확인했다고 기재했다. 그런데 이제 와서 "어머, 내가 착각했네? 녹취파일이 사실은 아이클라우드가 아니라 아이폰 자체에 저장되어 있던 것이구나!"라고 한다는 것도 정말 웃기는 얘기다.

그렇다면 정명석 목사의 재판은 경찰 조사단계에서부터 이미 치명적인 오류를 안고 오심으로 시작한 셈이다.

온 나라를 떠들썩하게 했던 이 중요한 사건에서 이들 검찰과 경찰은 큰 실수를 한 것이다.

고소인 A와 그 변호사, 그리고 경찰까지 나서서 핵심 증거물인 녹취파일을 삭제했다는 것은 오히려 범죄 행위다.

그것도 증인 신문하기로 했던 당일 오전에?

저자는 정말로 말도 안 되는 일이 일어났다고 생각했다. 하지만 이미 벌어진 일이었다.

결국 이날 법정에서 현출하기로 했던 녹취파일은 해당 파일이 당일 오전에 삭제되어 버리는 바람에, 현출이 불가능해졌다.

녹취파일이 삭제된 사건에 관련된 언론 기사

그런데 이렇게 중요하고 엄청난 이슈가 제대로 기사화되지 못했다는 것이 아쉬울 따름이다. 메이저 언론사들은 대부분 고소인 측의 주장을 중심으로 정명석 목사에 대한 부정적이고 자극적인 내용들 위주로만 기사화했다. 그나마 '중도일보'라는 언론사가 당시 상황을 보도하여, 관련 기사를 공유해본다.

☐ 홍콩 고소인 A의 법정 진술

핵심 증거물인 현장 녹취파일이 삭제되었다는 것 말고도, A의 증인신문에는 흥미로운 내용들이 많이 있었다.

대부분 공소사실을 중심으로 얘기했는데, 이 공소사실도 사실 고소장에 기재된 것과는 내용이 많이 다르다. 그만큼 최초에 고소할 때와 비교해서 수사가 진행되며 드러나는 사실들에 맞춰서, 고소인이 진술을 바꿔 말했다는 뜻이다. 선교회 측에서 고소인이 주장하는 날짜에 대한 알리바이 증거를 제시하면, 다른 날짜였다고 하는 식이다. 심지어 고소인의 진술에는 몇 번 되지 않는 간음의 횟수도 달라져 있었다. **(22년 1월 MBC와의 인터뷰에는 삽입 강간의 횟수가 4번이라고 했으나, 2번으로 바뀌었다.)**

그리고 변호인 측이 고소인에게 한 질문 중에는 아래와 같

내용도 있었다.

> - **변호인** : 마지막으로 성피해를 당할 때 고소를 작정하고 녹취까지 했으면서, 왜 바로 고소하지 않았나요?
>
> - **고소자 A** : 때를 기다려야 되니까요.
>
> - **변호인** : 때를 기다린다는 게 무슨 뜻이에요?
>
> - **고소자 A** : 만사에 때가 있나니.
>
> - **변호인** : 당시에는 고소할 때가 아니라고 생각한 거예요?
>
> - **고소자 A** : 사람이 왜 그렇게 악해요? 돈을 얼마나 받았으면?

저자가 보기에, 변호인은 재판 변론에 있어서 필요한 질문을 했다고 생각한다. 그런데 A는 "만사에 때가 있나니"라며 이상한 대답을 해놓고, 왜 변호인에게 돈을 많이 받아서 부당하게 자신을 몰아붙이냐는 취지의 진술을 하는지 모르겠다.

고소인 A는 녹취파일에 대해서는, 본인이 넷플릭스 '나는 신이다' 제작진과 JTBC 뉴스룸, 수사기관에 동일한 파일을 제공했다고 진술했다. 또한 자신이 직접 넷플릭스 '나는 신이다'와 JTBC 뉴스룸에 나온 녹취파일을 들어봤는데, 편집 흔적이 없이 동일하게 들린다고 했다.

그러나 실제로 넷플릭스 '나는 신이다'와 JTBC 뉴스룸에 공개된 녹취파일은 굳이 정밀감정을 하지 않더라도 사람이 직접 청취해도 다르다는 것을 느낄 수 있을 정도라서, 거짓 진술을 한 것으로 보인다.

녹취파일 조작 의혹을 규탄하는 교인들

1심 7차 공판

대전지법 제12형사부
23. 4. 4. 2p.m.
230호 법정

☐ 고소장과 상충하는 고소인 A, B의 증인신문

6차 공판이 있었던 다음날. 재판에서는 호주 고소인 B를 대상으로 증인신문을 진행했다.

B도 A와 마찬가지로 공소사실에 대해서 일관되지 않은 진술을 했다. 심지어 A처럼 현장 녹취파일 같은 증거도 없고(물론 A의 녹취파일도 원본이 아닌데다가, 삭제까지 해버렸지만), 인스타그램의 일기 날짜를 변경했다고 하는 등 역시나 믿을만한 증거는 아니라는 생각이 들었다.

그리고 저자가 취재하면서 주목했던 부분은 고소인들이 정명석 목사의 가르침에 대해서 대변하는 부분이었다.

> - **변호인** : 선교회에서 피고인이 신랑이라거나 신랑인 피고인과의 성적인 행위를 무조건 받아들이라든가 신랑인 피고인과의 성적인 행위를 통해서 구원을 받는다는 취지로 가르친 사실은 없지요?
>
> - **고소인 A** : 없어요.

언론에 일반적으로 알려진 것과는 달리, 정명석 목사는 성적으로 자신을 사랑해야 한다는 취지의 교육을 한 적이 없었다. 이는 고소인 A도 인정했다.

> - **변호인** : 선교회나 피고인이 증인에게 신랑인 피고인과의 성관계나 성적인 행위를 통해서 구원을 얻는다는 취지로 가르치나요?
>
> - **고소인 B** : 그렇게 가르침을 받은 적이 없습니다.

고소인 B도 선교회나 정명석 목사에게 성적으로 자신을 사랑해야 한다는 취지의 가르침은 받은 적이 없다고 하였다.

> **· 변호인** : 선교회에서 얘기하는 '신랑/신부'라는 것은 성적인 개념의 신랑/신부인가요? 아니면 어떤 비유적인 의미에서 관계가 매우 가깝다는 의미인가요?
>
> **· 고소인 B** : 가까운 관계를 의미하지, 그런 신체적인 이야기를 배운 적은 없습니다.

선교회 교리에서 나오는 '신랑/신부'의 개념도 성적인 것이 아니라 그만큼 하나님과 땅의 사람들이 가까운 관계가 된다는 것을 의미한다고 답변했다. 그리고 실제로 저자가 선교회를 취재하였을 때도, 선교회나 정명석 목사의 가르침에 성적인 행위를 정당화하는 교리는 아예 존재하지 않았다.

저자는 당황스러웠다.

아니… 그렇다면 이들은 세뇌를 당했다는데, 도대체 어떻게 세뇌를 당했다는 것인가? 앞에서도 말했지만, 교육 없이 세뇌가 가능한가? 모든 세뇌의 전제는 '교육'이다.

그리고 이러한 답변은 본인들이 제출했던 고소장의 내용과 상충하는 것이었다. 저자가 확인한 고소장에는 "선교회 간부들은 메시아인 정명석 선생의 사랑은 아무나 받지 못하는 선택된 행위이고 하늘의 생명책에도 구원받도록 되어 있는 은혜라고 가르치며 신도들을 세뇌했다."라고 되어 있었다. 이와 더불어서 "믿음을 테스트하는 선생님의 행위는 어떤 것이든 받아들이라고 사전에 주입시켰다."라고도 했다. 또한 정명석 목사는 아래와 같은 얘기를 했다고 적혀 있었다.

> ▶ 하나님이 나에게 세상의 모든 여자를 허락하셨다.
>
> ▶ 예수님이 나의 몸을 통하여 기뻐하신다.
>
> ▶ 나를 거역하면 큰일난다.

그런데 증인신문에서는 이같은 사실들을 부인하니, 그렇다면 고소인들이 고소장을 허위로 기재했다는 것인가?

고소인들에 대한 저자의 의혹은 점점 깊어져 갔다.

검찰, 고소인 C 강제추행, 무고로 추가 (병합) 기소[7]
검찰, 추가 혐의로 구속영장 청구

2023년 4월 14일. 검찰은 현재 공판 중인 외국인 고소인들

---

7 기소 : 검사가 형사 사건에 대하여 법원에 심판을 구하는 행위

외에도 추가 고소인 1명에 대한 강제 추행 및 무고죄 혐의로 기소하였다.

'무고죄'가 웬 말이냐?
법무법인 광장이 선임되어 있을 때, 변호인단은 홍콩 고소인 A와 호주 고소인 B에 대해, 허위로 고소했으니 처벌해달라고 무고로 고소했다.

이를 놓고 검찰은 "성범죄의 가해자가 역으로 피해자를 무고죄로 고소한 것은 피해자에 대한 심각한 2차 피해를 야기하고 피해자의 피해 신고를 위축시키는 것으로 엄벌이 필요하다"라는 취지로 기소한 것이다.

저자가 쭉 취재하면서 정명석 목사가 정말 억울하겠다는 생각이 들긴 했는데, 재판에서 억울함이 밝혀지기도 전에 무고로 고소한 것은 조금 섣부르지 않았나 하는 생각이 들었다.

> ▶ 공소[8] 사실 요지
> - 18년 8월경 월명동 수련원에서 여신도 C의 허벅지 등을 만져 [강제 추행]

---
8 공소 : 검사가 형사사건에 대하여 법원의 재판을 청구하는 신청

- 홍콩 고소인 A, 호주 고소인 B에 대한 준강간 등 범행을 저질렀음에도 불구하고, 22년 5월경 A와 B가 고소인을 준강간 등으로 허위 고소하였으니 무고로 처벌해달라고 고소 [무고]

▶ 수사 경과
23. 3. 27. 경찰, 피고인의 무고 사건 송치
23. 3. 30. 경찰, 피고인의 강제추행 사건 송치
23. 4. 11. 검찰, 강제추행 피해자 C 소환조사
23. 4. 14. 검찰, 추가사건 2건 불구속 기소.
　　　　　피해자 심리치료 지원의뢰

이로써, 재판까지 올라온 고소인은 3명이 되었다. 그리고 공소사실에는 '무고에 대한 무고'까지 더해져서, 정명석 목사의 재판 상황은 점점 어렵게 흘러갔다.

1심 구속 만기 전에 구속영장 발부 여부를 결정

2023년 4월 27일. 결국 정명석 목사의 구속은 연장되었다.

1심 8차 공판

대전지법 제12형사부

23. 4. 18. 2p.m.

230호 법정

☐ 변호인, 현장녹음 파일 등사[9] 요청 주장
재판부, 변호인단 요청 거부!

변호인들은 홍콩 고소인 A가 제출한 현장녹음 파일에 대해 등사를 요청했다. 그러나 재판부의 입장은 아래와 같았다.

- **변호인** : 디지털 전문가를 불러 녹취 파일 압수 경로라든지 증거능력이 있는지 등 검증해야 한다.

- **판　사** : 검찰에 열람을 신청하라.

- **변호인** : 열람은 의미 없고, 복사를 해야 한다.

---

9 녹취파일 등사 : 녹취파일의 조작 편집 여부에 대한 감정 의뢰를 맡길 수 있도록 복사를 허용해 주는 것.

> • 판　사 : 복사는 곤란하다.

　　저자가 볼 때, 정명석 목사의 재판은 전반적으로 문제가 많았다. 그중에 가장 심각하게 느껴지는 부분이 바로 핵심 증거물인 '현장 녹취파일'에 대한 것이었다. 원래는 원본이 아니라 증거능력도 없는데 이것을 등사까지 해주지 않으니, 피고인의 방어권이 심각하게 침해되고 있는 상황이 아닌가 싶었다. 이를 보더라도 재판부는 피고인을 죽이는 재판에 앞장선 것으로 보였다.

　　재판부는 '열람'만으로 충분하다는 지침을 줬지만, 요즘처럼 음향 편집 기술이 발달한 시대에 단순히 듣는 것만으로 조작/편집이 되었는지 어떻게 분별할 수 있겠는가? 그리고 이 파일은 어떤 소음도 없는 밀폐된 공간에서 수십 차례를 들어야 겨우 무슨 내용인지 들릴 정도로 음질이 안 좋다고 했다.

　　상황이 이런 데다가 녹취파일을 시연하기로 한 날에 고소인 A와 그 변호사 정 모씨, 사법 경찰 조 모씨가 '삭제'까지 해버렸으니…

　　추가적으로, 취재하다 보니까 녹취파일을 왜 삭제했는지 그 이유를 알 것도 같았다.

　이 녹취파일은 일부분이 고소인 측에 의해서 JTBC 뉴스룸과 넷플릭스 '나는 신이다'에 일부 공개되었다. 그리고 일부 신도들은 진실을 알기 위해서 녹취파일이 나오는 부분을 수십 번, 수백 번을 들었다고 한다.

　그 결과, 녹취파일에서 조작으로 의심되는 부분을 여러 군데 찾아낼 수 있었고, 이를 유튜브 영상으로 만들어서 진실규명 활동을 했다. 도둑이 제 발 저린다고, 고소인 측과 선교회의 안티 세력들도 이 영상들을 보고 자신들의 녹취파일 조작이 탄로 날까 식겁하지 않았을까 싶다. 저자가 생각하기에는 그랬을 가능성이 매우 농후하다.

　실제로 저자가 이 책을 저술하는 시점은 항소심이 한창 진행되고 있는 와중인데, 항소심에서는 녹취파일 등사가 허용되었고 이를 정밀 감정하자 수십 군데에서 소위 '짜깁기'로 의심되는 편집의 정황이 발견되었다.

　물론 성범죄 피해자를 보호하는 것도 중요하다. 하지만 그렇다고 해서 헌법이 보장하는 피고인의 방어권을 침해하는 것은 과연 옳은 일일까?

만약 항소심에서도 녹취파일 등사를 허용하지 않고, 그래서 이 파일에 대한 실체적 진실이 그대로 거짓에 가려졌다면? 정 목사는 구제불능이다. 그러나 2심 재판부는 진실로 가고 있다.

저자는 기자이지, 법조인이 아니다. 하지만 저자와 법조인의 공통점이 있는데 그것은 바로, "진실을 밝혀야 한다!"는 것이다.

김지선, 영장실질검사 후 구속

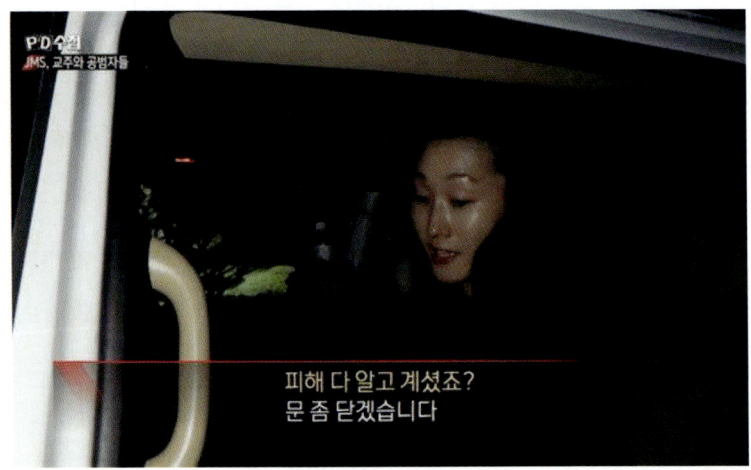

PD수첩에 나온 2인자 김지선

2023년 4월 18일. 정명석 목사가 여신도들에게 성범죄를 저질렀다고 하는 사건에서 공범으로 기소된 소위 '2인자' 김지선이 구금됐다.

대전지법은 17일 밤까지 김지선과 선교회 측 관계자 1명에 대한 구속 전 피의자 심문(영장실질심사)을 진행했다. 그리고 18일 새벽, "증거를 없애거나 도주할 우려가 있다"라고 판단해서 구속영장을 발부했다.

한편, 검찰은 김지선이 정명석 목사의 성폭행 행위에 적극적으로 동조한 것으로 간주하여 공범으로 간주했다. 그래서 준강간 '방조' 혐의가 아니라, 준유사강간 혐의로 기소했다.
그러나 저자가 봤을 때, 김지선은 '공범'이 아니라, 이번 정명석 목사 사건의 진정한 흑막일 가능성이 크다는 생각이 든다. 2심 재판에서도 검찰은 김지선의 설교 내용을 정 목사의 유죄 증거로 주장했다.

김지선은 정명석 목사가 지난 10년간 복역 중에 선교회의 명실상부한 2인자로 입지를 굳혔고, 정명석 목사가 출소하면서 어찌 보면 가장 손해를 본 인물이라고 할 수 있겠다. 그래서 정 목사가 출소하는 것과 동시에 다시 집어넣을 계획을 세운 걸까? 그렇다고 본다.

저자는 취재를 통해서 김지선과 그 측근의 무리들이 굉장히 오래전부터 정명석 목사에 대한 악성 루머를 퍼뜨리고 다녔다는 것을 알게 되었다.

그리고 2022년 3월 12일에 있었던 세계지도자모임 때부터 "정명석 목사의 문제는 정명석 목사가 알아서 해결하도록 내버려 두고, 우리는 우리끼리 자랑스럽게 하나님의 역사를 펴나가자!"라고 하면서 본색을 드러냈다.

이후 2023년 3월 12일에는 아예 대놓고 정명석 목사의 성범죄가 사실이고, 고소인 측이 제시하는 모든 주장과 증거도 사실이라고 대놓고 배신 발언을 하기까지 했다. 그러면서 뒤에서는 최소 수십억의 횡령을 저지른 것으로 파악되었다.

2인자 김지선에 대한 얘기는 뒤에서 좀 더 자세히 다루겠다.

2인자 김지선이 보유한 드라마 'SKY캐슬'의 호화 타운 하우스

1심 9차 공판

대전지법 제12형사부
23. 5. 16 2Pp.m.
230호 법정

☐ 변호인, 고소인 C에 대한 혐의 부인

> ▶ 피고인은 일관되게 성범죄를 저지른 사실이 없다고 주장하기 때문에 무고죄가 성립되지 않는다.
>
> ▶ 강제추행 사건 역시 골프카트가 비좁아 여유를 확보하려 했을 뿐, 추행 사실이 없고 고의성도 없다.

고소인 C는 앞선 외국인 고소자 A와 B가 한국에 있는 동안 정명석 목사의 거주지였던 월명동 근처에서 살았던 것과는 달리, 한 번도 월명동이나 근방에 상주했던 적은 없었다.

A와 B가 여러 번 성피해를 당했다고 주장하는 것과도 비교되어서 C는 딱 한 번 성피해를 당했다고 하였다. 그런데 이 한 번에 대한 것도 얘기를 들어보면 다소 억지스럽게 느껴졌다.

특히 제출된 증거나 자료들에 대한 얘기를 들어보면 더욱 그렇게 느껴지는데, 10차 공판의 증인신문 부분에서 좀 더 자세히 얘기해보도록 하겠다.

역시 변호인들은 C에 대한 것도 혐의를 전면 부인했다.

☐ A 현장녹음 파일에 대한 검증, 비공개로 진행

> **· 변호인** : 증거로 제출된 녹취파일이 원본과 동일하다는 것을 확실하게 확인해야 함.

변호인들은 해당 파일의 원본이 없고 **사본만 존재하는 상황에서, 법정에서 시연하기로 한 녹취파일이 수사기관 실수로 삭제된 만큼 동일성을 반드시 확인해야 한다**고 주장했다.

계속 이어지는 같은 요구였지만, 안타깝게도 재판장은 이를 귀 기울여 듣지 않는 것 같았다.

> **· 검 찰** : 동일한 해시값 → 원본과 사본 동일성 인정 주장

검사는 제출한 자료가 삭제된 파일과 동일한 해시값[10]을 가진 만큼, 증거능력에는 문제가 없다고 강조했다. **(그러나 결국 나중에 밝혀지기로는 해시값마저도 달랐다!)**

증거 재판 주의를 준수해달라고 촉구하는 교인

녹취파일에 대한 공정재판을 촉구하는 교인

---

10 해시값 : 디지털 증거의 동일성을 입증하기 위해 파일 특성을 축약한 수치로 수사과정에서는 '디지털 증거의 지문'으로 통한다. 조작되지 않은 사본은 원본과 해시값이 같게 나온다. 따라서 사본의 무결성을 증명하려면 신뢰할 만한 참여인 입회하에 원본 파일의 해시값을 구해둬야 한다.

1심 10차 공판

대전지법 제12형사부
23. 6. 20. 2p.m.
230호 법정

☐ 이번에는 병합된 사건의 고소인 C가 제출한
   현장 녹취파일에 대한 공방 펼쳐

> • **변호인** : 고소인 증인신문 전에 피고인의 혐의와 관련해 피해자의 대화 내용이 담겨 있는 녹취록을 들어볼 필요가 있다.

이 녹취파일에는 당시 고소인이 피고인과 만났을 때부터 헤어지기까지의 모든 과정이 담겨 있다. 그래서 변호인은 당시 분위기와 대화 내용이 어땠는지 녹취파일을 미리 들어보고 파악한 뒤 증인신문 절차를 진행하면, 진술 신빙성 판단에 도움이 될 것이라고 주장했다.

> • **판 사** : 녹취파일 재생할 필요 없다.

그러나 판사는 재판 진행 계획에 없던 것이며, 굳이 녹취파일을 재생할 필요가 없다고 일축했다. 그러면서 필요하다면 신문 중 질문으로 정리해 달라고 주문했다.

☐ 고소인 C : 비공개 신문

홍콩 고소인 A와 호주 고소인 B의 증인신문 때는 흥미로운 진술들이 많이 나왔었는데, C의 증인신문에서도 마찬가지였다.

증거로 제출된 녹취파일에서, 10년이 넘도록 존경하며 따르던 목사에게 불시에 강제 추행을 당했다는 C는 추행 직후에 웃으면서 정명석 목사에게 "감사합니다"라고 하고 있었다.

공소사실에서는 고소인 C가 당한 성피해에 대해서 정명석 목사가 골프카에서 갑자기 팬티 안쪽에 손을 넣어서 음부를 꼬집었다고 하는데, 제출된 녹취파일에는 그러한 정황이 전혀 나와 있지 않다. 하하 호호하면서 다들 웃고 있다.

아니, 전혀 예상치 못하게 음부를 꼬집혔으면 "아!" 하는 비명소리라도 나와야 하는 것이 정상 아닌가? 그런데 아무렇지도 않게 웃으면서 "감사합니다."라고 하는 것은… 저자가 생각했을 때는 좀 말이 안 된다고 생각했다.

이 밖에도 고소인 C는 성피해를 당한 이후, 혼란스럽고 충격받아서 한동안 정명석 목사가 있는 월명동에 가지 않았다고 했다. 그리고 이후에 가더라도 정명석 목사 가까이에 가지 않고 멀리 떨어져서 봤다고 했다.

그러나 이후, C는 성피해 날짜로부터 채 일주일이 지나지 않아서 다시 월명동을 방문한 것이 사진과 영상에 포착되었다. 그 이후로도 확인된 것만 십여 차례가 넘게 월명동에 방문했고, 정 목사 가까이에서 박수를 치거나 웃고 있는 모습도 다수 발견되었다.

심지어 사업이 잘되도록 기도해주셔서 감사하다고 천만 원이라는 거금을 헌금하기도 했다. 만약 정말로 공소사실에 나와 있는 충격적인 성추행이 있었다면, 그래서 정말로 혼란스럽고 괴로웠다면, 그렇게 헌금을 하고 싶었을까?

그뿐만 아니라, C가 성추행을 당했다고 하는 현장에는 C 외에도 다른 신도가 함께 있었다. 2인승의 좁은 골프카에 정명석 목사를 포함한 세 명이 앉아 있던 상황.

그런데 재판에서는 함께 있던 신도의 진술은 선교회 신도라는 이유만으로 '거짓말'이라며 배척당하고 있다. 그리고 고소인 C의 진술은 아무리 허황되고 말이 안 되는 내용이더라도 '세뇌되어서 그렇다.'라는 무적의 논리로 전부 허용되고 있었다.

이게 정말 맞는 건가? 재판을 이렇게 진행해도 되는 건가?
…취재가 이어질수록, 저자는 마음이 무거워졌다.

기자들에게 사건을 설명하고 있는 기자회견 현장

억울한 재판
이대로 계속 해야 하나?!

2023년 7월 18일 : 기피신청[11]
'법관 기피' 신청… 재판 중단

변호인단은 7월 18일 오전 공판을 앞둔 시점에서, 이대로 재판을 속행해야 하는지에 대한 고심에 빠졌다. 재판 진행에 관련하여 많은 부분에서 피고인의 방어권이 침해되고 있었고, 특히 고소인들의 배후에 있는 K의 언론플레이로 인해서 각종 편파적인 기사와 보도가 쏟아지는 가운데, 증거나 법리에 의한 정당한 재판이 아니라 부정적인 사회 여론이 재판에 영향을 미치게 될 가능성이 크기 때문이다.

그래서 변호인단은 재판부에 대한 기피신청을 심각하게 고려했다. 법률에서 규정된 '법관에 대한 기피'가 가능한 경우는 다음과 같다.

---

11 형사소송법 제18조에 따라 법관이 불공정한 재판을 할 우려가 있을 때 검사 또는 피고인 측에서 그 법관을 직무집행에서 배제할 것을 신청하는 제도다.

> 1. 법관이 피해자일 때
> 2. 법관이 피고인 또는 피해자의 친족, 호주, 가족 또는 이러한 관계가 있었던 자인 때
> 3. 법관이 피고인 또는 피해자의 법정대리인, 후견감독인일 때
> 4. 법관이 사건에 관하여 증인, 감정인, 피해자의 대리인으로 된 때
> 5. 법관이 사건에 관하여 피고인의 대리인, 변호인, 보조인으로 된 때
> 6. 법관이 사건에 관하여 검사 또는 사법경찰관의 직무를 행한 때
> 7. 법관이 사건에 관하여 전심재판 또는 그 기초되는 조사, 심리에 관여한 때
> 8. 법관이 불공평한 재판을 할 염려가 있는 때

법관 기피신청을 한다면 정명석 목사의 재판은 '8번'을 사유로 하는 것인데, 변호인단에 의하면 구체적인 사유는 이러했다.

1. 넷플릭스 '나는 신이다' 방영 이후, 갑자기 재판 진행 방향을 180도 변경

2023년 3월 3일 넷플릭스 '나는 신이다' 방영 이후, 예단에 의한 재판을 진행하고 피고인의 방어권이 침해됐다.

2. 사건 현장검증 개시 절차 거절

사건 현장은 일반적인 장소가 아니어서 구체적인 현장의 모습이 상상조차 되지 않는 특수성이 있기에 공소사실의 이해를 위해서라도 현장검증이 필요했다. 그럼에도 불구하고 판사는 마찬가지로 현장을 잘 모르는 경찰 수사관이 대략 눈대중으로 사실과 다르게 기재한 수사 보고만으로 충분하다면서 변호인의 현장검증 신청을 불허했다.(참고로, 해당 경찰 수사관은 핵심 증거물인 녹취파일을 삭제하였고, 관련된 여러 수사 문건을 허위로 작성하기도 했다고 한다.)

3. 악의적 여론에 의한 편향적 심리 우려

수많은 방송매체에서 선교회에 대한 악평 보도와 뉴스, 프로그램들이 쏟아져 나오는 가운데, 실제적인 증거와 법리에 의한 재판보다는 여론 편향적 심리(審理)[12] 가 진행될 수

---

12 라틴어 "판사 아래(under a judge)"라는 뜻의 "심리 중(sub judice)"의 원칙은 사법적 결정이 아직 진행 중인 사안이 공개적으로 논의되는 것을 금지한다.

있는 상황이었다.(저자가 보기에도, 이미 많은 부분에서 선교회 측에 피고인의 방어권을 침해하는 부당한 재판이 진행되고 있는 것으로 보였다.)

4. 편파적인 증인신문 허용 시간

검찰 측은 증인은 소수에 불과했지만, 증인이 법정에서 증언할 수 있는 시간으로 며칠에 걸쳐 기회가 주어졌지만, 이에 반해 정명석 목사는 총 22명의 증인이 증언할 수 있는 시간은 단 3시간뿐. 재판장은 더구나 시간을 넘기면 증인신문 중간에 증인신문 절차를 중단할 수 있다고 하면서 소송지휘권을 남용하고 예단했다.

5. 피고인 증인 신청 시 예단 발언

재판장은 "피고인 측 증인들은 어차피 그런 사실이 없다고 할 것 아니냐. 그렇다면 증인 진술서로 대체하라."라고 예단하는 발언을 했다.

공정하게 판단해야 할 재판장이 증인신문을 해보기도 전에 피고인 측 증인에 대한 편향적 선입견과 예단을 가지고 증언을 들어볼 필요조차 없다는 취지로 발언한 것은 심히 부당한 처사로 보였다.

6. 검사 측 증인들에 대한 반대신문 시 재판장이 대신 답변 및 해석

재판장은 검사 측 증인들에 대한 날카로운 질문에 그들이 제대로 대답을 못 하고 있자, "이거는 그런 거 아니냐." 하는 식으로 대신 대답해주기도 했다.

심지어 해당 증인들이 변호인에게 손가락 욕설을 하는 등 무례한 언행을 반복하는데도 판사는 이를 제지하거나 경고하는 등의 소송지휘를 하지 않았다.

7. 기습적인 검찰 측 증인 채택, 변호인들의 반대신문권 침해

검찰은 사전 고지 없이 증거인 녹취파일을 삭제하고 압수조서를 허위로 작성했다는 경찰관 조 모씨를 법정에 대동하여, 즉석에서 기습적으로 증인 신청을 했다. 그러나 판사는 이를 채택하여 진행했고, 피고인 측에서는 반대신문을 준비할 시간과 기회가 없어서 사실상 변호인들의 반대신문권이 침해되었다.

8. 유일한 물증 '녹취파일'의 증거개시신청 묵살

재판부는 홍콩 고소인 A가 제출한 녹취파일의 증거능력에 심각한 문제가 있다고 주장하는 변호인의 정당한 증거개시 신청을 묵살했다. 심지어 이 녹취파일은 법정에서 시연하기로 한 당일에 고소인 A와 그 변호사 정 모씨, 이를 조사했었던 사법경찰관 조 모씨에 의해서 삭제되었다. **(현재 이 녹취파일은 항소심에서 등사가 허용되어서 정밀감정에 들어갔고, 그 결과 다수의 감정기관에서 일명 '짜깁기' 편집이 된 것으로 판명되었다.)**

이뿐만 아니라, 재판부는 20분 남짓 분량의 또 다른 고소인 C의 녹취파일 청취도 거부하였다.

기피신청을 해야 하는 이유에 대해서는 저자가 봐도 고개가 끄덕여질 정도로 타당해 보였다. 그러나 기피신청이 실제로 인용되기란 현실적으로 쉽지 않아서, 선교회 교단 대표이기도 한 변호사 Y를 비롯하여 몇몇 변호인들은 기피신청을 반대하기도 했다.

그러나 판사가 재판이 이렇게까지 기울어졌는데, 이런 상황에서 재판을 속행한다는 것은 그냥 '유죄' 선고를 받겠다는 것이나 다름없었다. 정명석 목사가 정말로 억울하다면, 당연히 할 수 있는 것은 전부 다 해봐야 하지 않겠나!

어쩌면 변론 종결이 될 수도 있는 7월 18일 재판을 놓고서 이틀 전인 7월 16일, 선교회의 일부 교인들은 자발적으로 정명석 목사의 억울함과 지금 재판에서 억울함을 알리는 집회를 시작했다.

이전까지는 선교회 교단에서 교인들에게 집회 등의 단체 행동을 철저하게 금지해왔으나, 정명석 목사의 상황이 극악으로 치닫게 되자 교인들이 자발적으로 들고 일어난 것이었다.

결국 7월 17일. 정명석 목사의 재판은 법관 기피신청을 하게 되었고, 법원의 검토에 들어가게 되면서 재판은 멈추게 되었다.

정명석 목사 1심 재판의 부당함을 알리기 위해 모인 수 많은 교인들

자발적으로 들고 일어난 신도들! 전국에 집회의 불이 타오르다!

☐ 2023년 7월 16일 보신각 1차 집회

보신각 1차 집회 현장

자유롭게 집회를 할 수 있는 권리는 대한민국 국민이라면 누구에게나 허락된 기본 인권이다. 이는 헌법 제21조에서 명시하고 있으며, 관련된 행정절차와 관계 법령만 지킨다면 문제 될 것은 전혀 없다.

그렇다면 현재 정명석 목사와 선교회처럼 억울함을 당하고 있는 상황에서, 오히려 집회를 한다고 하는 교인들이 있으면 적극적으로 지원해줘야 하는 것이 아닌가?

그런데 무슨 이유 인지는 모르겠지만, 당시 교단 대표였던 변호사 Y와 공동대표였던 목사 N은 정명석 목사의 1심 마지막 재판이 될 수도 있는 7월 18일을 앞두고, 집회를 하겠다고 자발적으로 일어난 교인들을 막고 방해했다고 한다.

교단에서는 해당 집회가 허가되지 않은 불법 집회라고 공지를 내리고, 참석인원도 1000명이 예상되는 가운데 500명으로 줄이고, 나중에는 그마저도 100명으로 제한하라는 얘기까지 나왔다. 그러다가 아예 집회를 하지 말라고, 집회를 준비하던 집행부를 강하게 압박했다. 장로단까지 가세하여 집회를 반대하는 입장문을 냈다. 도대체 이게 무슨 일인가. 이는 선교회의 모반이다.

결국 원래 집회를 준비하던 집행부는 교단의 압박을 이기지 못하고, 하루 전날 밤에 '집회는 취소되었다.'라는 공지를 하게 되었다.

그러나 아직도 마음이 꺾이지 않은 교인들이 있었고, 원래 집행부에서 집회 신고를 했던 이가 안타까운 마음에 '집회 취소' 신청은 하지 않고 지금도 집회는 소규모로 계속되고 있다.

이들에게는 그동안 맺힌 '한'이 있었다.

"우리는 언제 스승의 억울함을 세상 앞에 외쳐 보는가?!"

고소인들의 고소가 시작되었던 2022년부터, 2인자 김지선을 중심으로 교단은 교인들에게 정명석 목사의 재판에 대해 일체 관심을 갖지 못하게 만들었다. 그냥 직책을 맡은 사람들과 변호사들이 알아서 잘하고 있으니, 믿고 맡겨 달라고만 했었다.

그러다가 정명석 목사는 구속기소가 되고 재판까지 가게 되었는데, 대한민국 국민이라면 누구나 자유롭게 참관할 수 있는 공판까지도 교단에서는 교인들을 제한했다. 명분은 '정명석 목사가 교인들의 재판 방청을 원하지 않는다'라는 것이었는데, 알고 보니 이는 특정인을 두고 했던 얘기였는데 이것을 확대 해석하여 교인들을 통제한 것이었다.

교인들은 그동안 교단의 지침을 잘 따라왔는데, 그 결과가 이제 곧 정명석 목사의 유죄 판결로 다가오게 되었으니, 얼마나 분통이 터졌겠는가?

모두가 이심전심이었는지, 교단의 통제를 피하기 위해 텔레그램에서 '익명'으로 모여든 수백 명의 교인들은 그 온라인 공간에서 집회를 준비하기 시작했다. 모두가 익명이기 때문에 누가 누구인지도 모르지만, 그래도 상관없었다.

    기독교복음선교회의 교인이기만 하다면.
    정명석 목사의 제자라면.

    그렇게 스승의 억울함을 놓고, 누군가는 피켓을 만들고, 누군가는 LED 트럭을 섭외하고, 누군가는 안전요원을 자처하면서, 이번 사건을 두고 선교회 최초의 집회가 열리게 되었다.
    7월 16일 오후 2시. 보신각, 이때 저자는 연단에 올라 3분간 연설을 하기도 했다. "정 목사님은 곧 여러분들 곁으로 돌아오실 것"이라고….

보신각 1차 집회 현장에서 마이크를 잡은 저자

녹취파일이 등사되기 이전에도 교인들은 핵심 증거인 녹취파일이 조작이라고 외치고 있었다. 넷플릭스 '나는 신이다'와 JTBC 뉴스룸에 공개된 녹취파일을 수백 번씩 들어본 교인들은 일단 양쪽에 공개된 녹취파일이 서로 다르다는 것을 알게 되었다.

그리고 고소인은 정명석 목사와 단둘이서 방에 있을 때 녹음했다고 하는데, 방 안에서는 들릴 수 없는 '물로 뭔가를 씻어내리는 소리'가 들리기도 했다.

심지어 넷플릭스 '나는 신이다' 같은 경우는 실제 정명석 목사의 목소리와 표기된 자막이 아예 다르기도 했다.

또 다른 결정적인 부분은 정명석 목사의 질문에 '네'라고 대답하는 남자 목소리가 들렸다는 것이다. 희미하지만 분명하게 들리는 이 목소리는 당시에 제3자가 있었다는 것을 의미하고, 이는 고소인이 다른 상황에서 정명석 목사의 목소리를 녹음한 것을 합성(우리가 소위 짜깁기라 부르는 그것)한 것으로 추정된다.

핵심 증거인 녹취파일은 조작이며, 스스로 켕겼는지 고소인은 법정에서 시연하기 전에 이 사건을 수사한 경찰관과 자신의 변호사와 함께 모텔에서 삭제하였다.

이 재판은 증거 없는 재판이며, 억울한 재판이다!

가슴에 맺힌 한을 품고 거리로 뛰쳐나온 교인들은 한국 넷플릭스가 있는 종로 보신각 앞에서 목이 터져라 외쳤다.

그런데 저자가 정말 놀랐던 것은 따로 있었다. 저자는 분노한 교인들이 폭동이라도 일으키는 것은 아닌가 했는데, 이들은 너무나도 질서정연하게, 그러면서도 전혀 거칠거나 폭력적이지 않게 평화적 시위를 했다.

하지만 거칠거나 폭력적인 방법을 쓰지 않는다고 해서 그 진정성이나 호소력이 떨어지는 것은 결코 아니었다. 저자는 아직도 그날의 함성이 귓가에 생생하다. 비록 자리에 모인 교인들의 숫자는 기독교복음선교회 전체 수만 명의 회원 중에 극히 일부분인 300명 정도였지만, 그 함성은 듣는 이의 가슴을 울컥하게 만드는 무언가가 있었다.

실제로 이날 교인들이 불렀던 찬양 '의인의 삶'은 정명석 목사의 시를 노래로 만든 것인데, 이 찬양이 울려 퍼질 때 지켜보던 시민들 중에서는 눈물을 훔치는 이들도 있었다.

편향적 언론에 의해 잘못된 선입관이 박혀있던 경찰들도, 혹여 무력 사태가 일어나지 않을까 처음에는 수십 명이 동원되었지만, 평화적 집회를 하는 교인들을 보면서 이내 최소의 인원만 남겨놓고 철수하는 모습을 보였다.

이날부터.
정명석 목사의 억울함을 알리는
기독교복음선교회 평화의 집회가 전국 곳곳에서 시작되었다.

☐ 2023년 7월 23일 보신각 2차 집회

보신각 1차 집회 현장

자발적인 1차 집회를 성공적으로 마친 교인들은 2차 집회를 열었다. 장소는 1차와 마찬가지로 넷플릭스 한국지부가 있는 종로 보신각.

이날은 폭우가 예보된 상황이었는데, 그럼에도 불구하고 1차 때보다 많은 700여 명의 교인들이 모여들었다.

역시 이번에도 선교회 교단은 집회를 반대했지만, 자발적으로 모여든 교인들을 막을 수는 없었다. 교인들은 피켓을 들고 구호를 외치며 정명석 목사 재판이 부당하게 진행되고 있다는 '사실'을 알렸다.

보신각 2차 집회 현장

저자도 지난번 집회의 감동과 그 뜨거움에 이끌려서, 다시금 현장을 찾게 되었다. 그리고 지켜보기만 했었던 지난주와는 달리, 이번에는 직접 앞에 나서서 마이크를 잡게 되었다.

 이들의 처절한 외침을 듣고 있노라니, 가만히 있을 수가 없었다. 그리고 이날 집회에 참여한 많은 교인이 저자가 월명동 자연성전에 다녀와서 썼던 칼럼을 가지고 온 것을 보며, "내가 그걸 썼다! 나도 여러분과 같은 마음! 같은 생각이다!" 외치고 싶었다. 그렇게 해서 조금 쑥스럽지만, 준비도 없이 불쑥 앞에 나가서 몇 마디를 했다.

보신각 2차 집회 현장에서 통성으로 기도하는 교인들

 이날 집회에서는 중간에 비가 왔어도, 교인들은 우비를 쓰거나 비를 맞으면서도 집회를 강행했다. 기필코 정명석 목사의 억울함을 알리겠다는 처절한 몸부림이었다.

선교회 교인들의 집회에서는 정명석 목사의 억울함이 풀어지고, 우리나라의 각종 어려운 문제들도 풀어지기를 바라면서 '기도'하는 시간도 있었다.

자리에 모인 교인들은 소리 내어 뜨겁게 기도하며 하나님께 부르짖었고, 뜨거운 눈물을 뚝뚝 흘리기도 했다.

저자도 이들의 진실된 기도가 하늘에 닿기를 소망했다.

☐ 2023년 7월 29일 보신각 3차 집회

보신각 3차 집회 현장

보신각에서 진행되는 교인들의 집회는 3차까지 이어졌다. 이번에도 선교회 교단은 해당 집회가 교단에는 보고되지 않은 '불법 집회'라고 하며 집회 참석을 지양하도록 하는 공지문을 내렸다.

하지만 2차 집회보다 더 많은 천여 명의 교인들이 몰렸고, 불볕더위에도 이들은 정명석 목사의 무죄를 외쳤다. 호소문을 낭독한 젊은 청년들을 필두로, 모여든 교인들은 사회자의 구호에 맞춰 준비해 온 구호문을 외쳤다.

보신각 3차 집회 현장

보신각 3차 집회 현장

여론몰이 상업방송, 절대 용납할 수 없다!
베껴 쓰기 언론이냐, 그러니까 사고친다!
계획적인 거짓 언론, 재판에서 배제하라!
녹취 원본 없앤 것은, 정말 정말 이상하다!
원본 없이 재판하면, 근거 없는 재판이다!
수만 명의 우리 단체, 우리들이 진짜 증인!
거짓 증인 믿지 말고, 진짜 증인 들어줘라!
죄가 없는 정 목사님, 왜 그렇게 헐뜯느냐!
하나님이 보다 못해, 행한대로 심판한다!

작렬하는 뜨거운 여름의 태양 아래, 정명석 목사의 무죄를 외치는 교인들의 함성이 하늘 높이 뻗어나갔다.

집회 현장에서 취재 중인 저자

집회 현장에서 교인들을 격려하는 저자

집회 현장에서 교인들과 함께한 저자

1차, 2차, 3차.

시간이 지날수록 자리에 모이게 된 교인들의 숫자들도 더 많아졌지만, 함성 소리는 그 이상으로 훨씬 더 커졌다.

저자는 이번에도 도저히 가만히 있을 수 없어서, 또다시 마이크를 잡게 되었다. 뭐라도 한 마디, 이들에게 힘이 되고 응원이 되는 한 마디를 꼭 해주고 싶었다.

지금은 힘들고 어려울 지라도.
세상이 알아주지 않는다고 할지라도.
반드시 진실은 밝혀질 것이라고!

이후, 선교회 교단은 더 이상 집회를 원하는 교인들을 막지 못했다. 비록 규모는 그렇게 크지 않았지만, 이 세 번의 보신각 집회는 선교회의 교인들이 '교인협의회'를 만드는 계기가 되었고, 이때부터는 교인들의 자발적인 대규모 집회가 시작되었다.

☐ 이어지는 평화적 집회

시청 앞 대로의 집회 현장

약 천 명이 모였던 3차 보신각 집회에 이어서, 다음날인 7월 30일에는 새롭게 출범한 '교인협의회'가 주도하는 대규모 집회가 시청 앞 대로에서 열렸다.

기존의 보신각 집회는 선교회 교단에서 계속 막고 반대해왔다면, 이번에는 주최 측인 '교인협의회'와 교단이 협의가 잘 되었는지 각 교회별로 대대적으로 홍보가 되었다고 한다.

뜨거운 태양볕 아래 모인 수천 명의 교인들. 이날은 서울 강서지역과 경기도 광명시에 있는 교인들이 모였다고 했다.

그리고 다음 주인 8월 6일에는 같은 장소에서 판교에 있는 주님의 흰돌교회와 서울강북지역에 있는 교인들이 모여서 평화적 집회를 이어 나갔다.

규모는 약 1만 명으로, 보신각에서 300명으로 시작된 집회는 점점 더 많은 교인의 자발적 참여로 이어지게 되었다.

5만명 이상이 모인 시청 앞 집회 현장

시청 앞 집회를 취재 중인 저자

저자가 발행한 정경시사포커스 신문을 보고 있는 교인들

　해당 집회에서는 저자가 썼던 칼럼이 배너로 제작되기도 했다. 감사한 일이었다. 비록 대단한 메이저 언론은 아니지만, 내가 언론인으로서 직접 발로 뛰고 진솔하게 작성한 글이 이렇게

나 많은 교인에게 힘이 되어 줄 수 있다니.

하지만 한편으로는 이렇게 많은 사람이 모여서 억울하다고 호소하고 있는데, 차갑게 외면하기만 하는 우리 대한민국의 현실이 안타까울뿐 이었다.

이날 주최 측은 "정명석 목사의 재판이 여론 재판으로 흐르고 있는 상황에서 우리의 진실을 세상에 알리고자 행사를 마련했다. 세상을 향해 질서 있고 힘 있게 정명석 목사와 선교회의 본모습을 보여주고 하나님의 진리를 널리 알리는 평화 집회를 계속 이어갈 것"이라고 밝혔다.

시청 앞 대로의 집회 현장

☐ 2023년 10월 15일 여의도 광장 대(大) 집회

여의도 광장에서의 집회 현장

뜨거운 여름 내내 이어졌던 선교회의 평화 집회는 10월 15일 여의도 광장에서 최대 규모의 집회로 막이 올렸다.

이날은 전국의 선교회 교인들이 여의도로 집결했고, 해외에서 한국을 방문한 교인들도 있었다. 인원 추산 규모는 무려 20만 명.

모두 정명석 목사의 억울한 재판을 공정하게 진행해달라고 촉구하기 위해 모인 이들이었다. 저자는 이날 선교회 회원들이 이렇게 많은 줄 처음 알았다.

자리에 모인 이들은 정명석 목사의 선한 영향력과 가르침을 간증하면서, 정명석 목사 재판이 얼마나 부당하게 진행되고 있는지를 두고 외쳤다.

지금 정명석 목사의 재판이 억울하게 진행되고 있음으로 인해서, 이 자리에 모인 20만 명의 교인들은 수많은 억울함을 겪었다고 한다.

학생들은 학교에서 왕따와 학교폭력을 당하고, 직장인들은 직장에서 부당하게 해고되기도 했다고 한다. 예술가들은 자신의 작품이 단지 선교회 회원이라는 이유만으로 폄하 당하기도 했고, 자영업자들은 손님이 끊겨서 폐업하게 되는 경우까지도 생겼다고 하는데…

실상 정명석 목사의 재판은 전 세계에 있는 선교회 수십만 교인들의 삶에 영향을 미치는 재판이었다. 거대 언론과 이를 이용하고자 하는 세력들은 '고소인'이라는 외국인 여성의 뒤에 숨어서 '공익목적'이라는 탈을 쓰고 상업방송 넷플릭스에 이를 팔아서 돈을 벌었다. 그리고는 재판에서 일어나는 각종 부당한 처사들(고소인과 수사한 경찰, 고소인의 변호사가 핵심 증거인 녹취파일을 삭제한다던가, 이를 두고 허위의 진술을 한

다던가, 경찰관의 착각으로 수사 관련 문건을 허위로 작성했다고 한다던가 등)을 덮고 넘어갔다.

온 국민이 관심을 가지고 지켜보고 있는 이 중요한 사건에서 재판이 이리도 억울하고 부당하게 흘러가는데, 이런 부분을 제대로 보도하는 메이저 언론이 단 한 군데도 없고 저자가 운영하는 정경시사포커스만이 열심히 보도를 했다.

심지어 여의도에 20여만 명이 모여서 대집회를 했던 이날도 공영방송 3사는 물론이고, 메이저급 언론사 어디에서도 이들을 보도했던 곳은 하나도 없었다.

우리나라 국민이**(물론 외국인들도 소수 있었지만)** 20여만 명이나 모여서 억울하다고, 죽겠다고 살려달라는데!

통탄스러울 따름이다.
그리고 저자 역시도 언론인으로서 부끄러울 따름이다.

몰랐다면 모를까, 알아버렸는데 어찌하겠나?
이렇게 억울한 재판인 것을….

저자는 대형 방송사도, 언론 매체도 아니지만.

그래도 대한민국의 양심이 살아있는 한 명의 언론인으로서, 반드시 이 진실을 전해야겠다고 더더욱 결심하게 되었다.

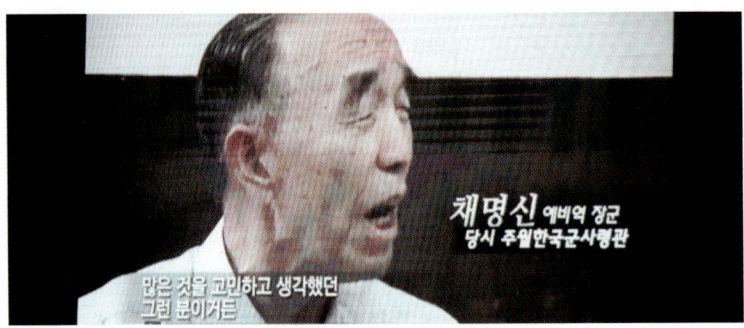

1심 11차 공판 (30년 구형)

대전지법 제12형사부
23. 11. 21. 10a.m.
230호 법정

☐ 최종적으로 기각된 법관 기피신청

현재 우리나라에서 '법관 기피신청'의 인용률은 0.1% 이하다. 정명석 목사의 재판이 아무리 부당하게 진행되고 있다고 해도, 현실적으로는 '법관 기피신청'이 인용될 것을 기대하기란 어려웠다. 그래도 지푸라기라도 잡는 심정으로 신청했던 것인데, 결국 11월 2일에 최종적으로 '법관 기피신청'이 기각되었다. 이 같은 기각 사실을 사법부 스스로가 치욕을 드러낸 것이다.

한편, 정명석 목사의 재판이 '법관 기피신청'으로 인해 멈춰있던 동안에도 이 재판에서는 이해하지 못할 상황이 벌어지고 있었다. 그것은 '주범'의 혐의를 받는 피고인의 재판이 멈춰있는데, '방조범' 혐의를 받는 피고인들의 재판이 계속 속행되고 있었던 것이었다.

2023 원심			
정명석 목사 재판		방조범 재판	
'23. 6. 20.	10차 공판	'23. 6. 9.	1차 공판
		'23. 6. 21.	2차 공판
		'23. 7. 11.	3차 공판
'23. 07. 18.	법관 기피 신청		
		'23. 8. 8.	4차 공판
		'23. 9. 5.	5차 공판
		'23. 9. 12.	6차 공판
		'23. 9. 18.	7차 공판
		'23. 9. 26.	8차 공판 (구형)
		'23. 10. 20.	9차 공판 (선고)
'23. 11. 2.	법관 기피신청 최종 기각		
'23. 11. 21.	11차 공판 (구형)		
'23. 12. 22.	12차 공판 (선고)		
2024 항소심			
		'24. 1. 10.	1차 공판
		'24. 2. 23.	2차 공판
'24. 03. 05.	항소심 1차 공판		
		'24. 3. 06.	3차 공판 (구형)
		'24. 4. 12.	4차 공판 (선고)

저자는 이 사실을 알고 나서 좀 황당했다.

아니, '주범'이 있어야 '방조범'도 있는 것이 아닌가? 그런데 주범의 재판이 멈춰있는 상황에서 어떻게 방조범의 재판을 속행할 수 있다는 말인가? 아무리 방조범으로 기소된 이들 중에 이 모든 일의 흑막인 2인자 '김지선'이 있다고 해도, 나머지 사람들이라도 정명석 목사와 똑같이 '법관 기피신청'을 해야 하지 않나?

그런데 왜 방조범으로 기소된 나머지 선교회 사람들은 기피신청을 하지 않았을까?

그리고 주범 혐의의 재판이 멈춰있는 상황에서 방조범 혐의 재판을 속행하는 재판부는 도대체 무어란 말인가? 주범 혐의 재판은 아직 결론이 나지도 않았지만, 해보나 마나 이미 '유죄'를 선고할 것이라고 정해놨다는 말인가?

이거야말로, 재판부가 이미 정명석 목사를 '유죄'로 예단하고 있다는 것에 대한 방증이 아닌가!

황당하고 어이가 없으면서도, 한편으로는 선교회도 재판부에 대해 할 말이 없는 것이, 정명석 목사의 재판이 '법관 기피신청'에 들어갔으면 방조 혐의 재판에서도 함께 기피신청을 들어가야 하는데 왜 기피신청을 안 해서….

이 부분에 대해서는 좀처럼 이해할 수가 없었다.

정명석 목사의 재판과 방조 혐의 재판의 재판부는 동일했는데, '법관 기피신청' 이후에 재판부는 분풀이라도 하듯이 방조 혐의 재판을 2주마다 기일을 잡아서 진행하면서 몰아붙였다.

결국 방조 혐의 재판은 주범 혐의를 받는 정명석 목사의 선고가 나오기도 전에 '유죄' 판결이 나와버렸다. 주범의 혐의가 정해지지 않은 상황에서 방조범을 유죄 선고한 것은, 사실상 정명석 목사를 유죄선고한 것과도 같았다.

☐ 검찰, 상상을 뛰어넘은 30년 구형

방조 재판에서 유죄가 나온 이후, 11월 21일 진행된 정명석 목사 재판에서 검찰은 징역 30년을 구형했다. 또 성폭력 치료 프로그램 이수 명령 500시간, 신상 정보 공개 및 고지 명령, 아동·청소년 관련 기관 및 장애인 복지 시설 취업제한 10년, 위치추적 전자장치(전자발찌) 부착명령 20년 등도 청구했다.

< 검찰의 양형 이유 설명 >

▶ 종교단체 교주인 피고인이 스스로 메시아 행세하며 선교회 조직을 이용해 다수의 여신도를 상대로 성범죄를 저지르는 등 매우 중대한 범죄를 저질렀다.

▶ 피고인과 선교회 내 여성 간부들은 고소인들에게 피고인을 메시아로 믿도록 세뇌한 뒤 고소인들의 신뢰를 악용해 성범죄를 저질렀으며 피해자들이 강력한 처벌을 원하고 있다.

▶ 지난 2009년 여신도들에 대한 강간치상죄 등으로 징역 10년을 선고받고 만기출소 했음에도 반성 없이 출소 직후부터 피해자 3명을 대상으로 약 3년간 23회에 걸쳐 범행했다.

▶ 수행비서 등을 상대로 조직적 증거인멸을 시도하고 수사 단계에서부터 이른바 '참고인단'을 꾸려 고소인들을 비정상적이라고 주장하는 등 2차 가해를 서슴지 않고 있어 죄질이 매우 불량하다.

▶ 납득할 수 없는 이유로 재판부 기피신청을 하는 등 오로지 재판 지연을 목적으로 사법부 판단을 경시했을 뿐 아니라 수사기관과 사법부에 대한 부당한 압력을 행사하고 사법절차를 방해했다.

저자는 취재를 하면서 검사들이 억지를 쓰고 있다는 생각이 들었다. 홍콩 고소인 A는 제출한 핵심 증거인 녹취파일을 자신을 조사했던 사법 경찰과 그 변호인과 함께 스스로 삭제했고, 관련하여 황당한 허위의 진술을 했다.

이뿐만 아니라, 성피해를 당했다고 하는 시간에 선교회의 지인과 태연하게 일상적인 카톡을 주고받기도 했다. 그렇게 끔찍한 성폭행을 당했다고 하는데, 같은 시간에 일상적인 카톡을 주고받았다고? 저자는 상식적으로 말이 안 되는 소리라고 생각한다.

무엇보다 홍콩 고소인 A는 월명동에 있다가 홍콩으로 돌아갈 때 자필로 적은 일기장을 두고 갔다는데, 그 일기장에는 정명석 목사가 가르치는 사랑이 이성적인 육적 사랑이 아니라, '영적인 사랑'이고, '정신적인 사랑'이라서 힘들다는 얘기가 적혀 있었다. 심지어 성피해를 당했다고 하는 날짜에도 일기장에는 어디에도 성피해의 흔적이 없었다. 이를 두고 고소인 A는 혹시 다른 사람이 볼 수도 있고, 후대의 사람들이 이 일기장을 볼 수도 있기에 거짓말로 적었다고 했다.

호주 고소인 B도 같은 장소, 같은 사건에서 홍콩 고소인 A와의 진술이 엇갈리는 등 신빙성도 떨어졌다. 그리고 항소심이 한창 진행 중인 현재. 호주 고소인 B가 부인해오고 있던 '지속적인 마약 복용', '유부남과의 불륜' 등의 문제가 모두 사실로 밝혀지기도 했다.(고소인의 개인적인 문제라서 민감할 수 있지만, 두 행위 모두 불법적이며 사회적으로 지탄받는 행위이고, 고소인 진술의 신빙성에 영향을 줄 수 있을 만한 부분이기에, 고소인을 비방하고자 하는 목적이 아니라, 국민의 알 권리 차원에서 공유하기로 하겠다.)

한국인 고소인 C도 증인신문에서 다수의 허위 진술이 드러났고, 제출한 녹취록에는 정명석 목사에게 처음으로 끔찍한 성피해를 당했다는 상황에서 아무렇지 않게 웃으면서 대화를 나누고 감사하다고 하는 등 상식에 맞지 않는 모습을 보였다. 이에 대해, 고소인 C는 "세뇌되어서 그렇다."라고 하지만, 마찬가지로 세뇌당했다는 고소인 A와 B가 처음 성피해를 당할 때의 진술과도 달랐다.(고소인 A와 B는 머릿속이 하얘져서 아무것도 할 수 없었다거나 뇌에 불이 딱 켜지면서 히스테릭하게 온몸이 떨려왔다고 함.)

이 세뇌에 대해서도, 정명석 목사가 가르치는 선교회의 교리는 혼전순결을 절대적으로 강조하는데, 고소인들은 이런 부분을 전혀 지키지 않고 자기 마음대로 '성적자기결정권'을 사용하면서 살아온 것으로 드러났다. 자기 살고 싶은 대로 다 살아 놓고, 법정에서는 '정명석 목사의 가르침을 듣고 세뇌됐다.'라고 하면, 그게 말이 되는가?

검사들은 이런 부분은 전부 무시하고, 고소인들의 말이 '절대적 사실'이라는 전제하에 말하고 있었다. 그러면서, 당시 현장에서 함께 있었고 그런 일이 전혀 없었다고 증언하는 선교회 교인들은 전부 '방조범' 내지 '공범'으로 만들어 버렸다.

선교회를 탈퇴한 고소인들 말은 전부 다 맞는 거고, 선교회에 있는 사람들은 전부 세뇌되어서 거짓말을 하고 있다? 억울한 사람이 생기든 말든 이렇게 만들어 버리는 것이 맞는 것인가?

검사의 주장에 따르면, 선교회에서 결혼하지 않고 하나님을 위해서 살겠다고 하는 '신앙스타(천주교의 신부/수녀와 같음)'들은 전부 정명석 목사의 성 노리개로 삼기 위한 대상이라고 한다. 하지만 '신앙스타'에는 남자도 있었다.

도대체 이 검사들은 무엇을 보고 어디서부터 잘못된 것일까?

고소인이 증인신문 당일 오전에 경찰관과 변호사와 함께 모텔에서 녹취파일을 삭제했을 때, 분명히 뭔가 이상함을 감지했을 텐데… 혹시 그때 거짓말로 같이 입을 맞추기라도 한 것은 아닐까?

이번 사건을 취재하면서, 검사 측 주장에 가슴이 답답했던 적이 한두 번이 아니다. 제발 정신 좀 차리고, 죄 없는 사람 잡지 말고, 억울한 사람 만들지 말아줬으면 좋겠는데…

명확한 물증도 없는 이 재판에 구형을 30년 때리는 검찰의 횡포.

선교회 교인들에게는 하늘이 무너지는 듯한 소리였다.

☐ 변호인측 최종변론

고소인별 공소사실 반박하고, 공소장의 '세뇌 교육으로 인한 항거불능 상태'의 모순점을 드러내며 고소인들의 거짓말을 드러내는 PT를 진행하였다.
이날, 새롭게 선임되어서 들어온 변호인은 과거 사건과 이번 사건과의 비교를 통해 고소인들이 세뇌당했다는 얘기가 모순적이라는 것을 지적했다.

이후에는 선교회에 몸담고 있을 때에도 자유로운 생활을 영위했던 고소인들의 상태가 항거불능으로 보기 어렵다는 부분도 언급했고, 세뇌의 전제가 되는 '교육'도 없었다는 것을 날카롭게 지적했다.(실제로도 고소인들은 선교회에 정명석 목사와 성관계해야 한다는 교리는 없었다고 진술함)

저자는 위의 내용이 본인들이 작성한 고소장 내용과도 맞지 않다는 것도 알게 되었다.(고소장에는 정명석 목사가 하나님이 세상 모든 여자를 자신에게 허락했다고 가르친다고 되어 있음)

그 밖에도 개별 공소사실들을 반박하기 위해 다양한 증거들을 제시하기도 했다.

저자는 당시 변호인의 발표 자료를 입수해서 살펴봤는데, 무려 170장에 달하는 분량으로, 하나하나 조목조목 날카롭게 반박했다는 생각이 들었다. 이제… 남은 것은 '선고' 뿐이었다.

1심 12차 공판
(법관의 무지와 무능을 드러낸 징역 23년 선고)

대전지법 제12형사부
23. 12. 22. 2p.m.
230호 법정

▢ 재판부, 징역 23년 선고
   손바닥으로 하늘을 가린 엉터리 선고

　대전지법 형사12부(나상훈 부장판사)는 22일 준강간과 강제추행 등 혐의로 기소된 정명석 목사에게 징역 23년을 선고했다. 형량이 이대로 확정될 경우 현재 나이를 고려하면 100세가 넘어야 출소할 수 있게 된다.

　논란이 됐던 녹취파일도 원본도 없으며 조작에 대한 의혹도 해결되지 않았지만, 최종적으로 증거로 채택됐다. 계속 진술 내용이 달라졌던 고소인들의 진술은 일관적이고 구체적이며, 피해자 진술에 부합하는 객관적인 증거와 정황이 존재한다고 재판부는 설명했다. 특히 고소인들이 피고인 정명석을 재림 예수로 인식, 항거불능 상태에서 성폭행당한 것으로 보고 유죄를 인정했다.

【판사 선고 내용】

▶ 피고인은 제출된 녹취파일이 사본이며 원본은 삭제돼 사본과 원본의 동일성이 확인되지 않아 증거능력이 없고 피해자들 진술 역시 현장에 있던 다른 신도들과 진술이 배치돼 신빙성이 없으며 항거불능 상태가 아니었고 자신을 스스로 메시아라고 칭하지도 않았다고 주장하고 있다.

▶ 다만 증거로 제출된 사본 녹취파일파일 4개 중 3개는 국립과학수사연구원 감정 결과와 법원 재생 청취 결과, 고소인과 참고인 수사기관 진술 및 증언 등을 토대로 원본과 동일성이 입증돼 증거로 인정할 수 있다.

▶ 1시간 40분에 가까운 내용임에도 내용상 맥락이 자연스럽고 끊기거나 위화감이 드는 부분이 없어 편집 흔적이 없다고 판단했으며 피고인 측에서 어느 부분이 위작이고 원래 무슨 내용이었는지 제시하지 못했다.

▶ 고소인들의 진술 역시 고소 이전부터 일관되고 구체적이

며 생생하며 탈퇴한 과거 선교회 간부 등 진술을 토대로 보면 고소인들의 진술에 신빙성이 있다고 보인다.

▶ 무고 부분을 보면 피고인의 성범죄 사실이 모두 인정됨에 따라 피고인을 고소한 고소인들을 무고라고 볼 수 없고 이러한 것을 오히려 역으로 고소한 것은 허위 사실을 토대로 고소한 행위로 평가할 수 있다.

▶ 피고인은 나이가 고령이지만 종교적 약자며 항거불능 상태인 고소인들을 상대로 상습적인 성폭행 범죄를 저질렀고 심지어 23건 범죄 중 16건은 누범 기간 중 저질렀다.

▶ 여성 신도들과 쌓인 인적 신뢰감을 이용하거나 심신장애 상태를 이용해 범행을 저질러 죄질이 나쁘고 동종 범죄로 10년 동안 수감돼 있다가 나와 다시 범행을 저질렀다.

▶ 현장 녹음 파일이 있음에도 손바닥으로 하늘을 가리듯이 이 사건 범행을 모두 부인하며 고소인들을 인신공격하고 무고죄로 고소까지 하는 등 사건 범행을 반성하지 않고 기피 신청권을 남용해 재판을 지연시키고 정당한 형사사법권의 행사를 방해하는 등 정황도 나쁘다.

저자는 23년 판결 선고에 그저 아연실색. 머리가 띵- 했다. 과연 나상훈 판사가 정말 판사인지 궁금했다.

정명석 목사 그의 나이가 올해 80세다. 그런데 23년형을 때렸다는 것은 그냥 감옥에서 죽으라는 것과 마찬가지다. 즉, 사형선고를 내린 셈인데…

이 재판 내용을 알고 있는 모든 사람에게는 이런 식으로 판결을 내리는 것이 '졸속'으로 재판을 끝내는 것처럼 보였다. 재판장이 본인이 부당하게 재판을 진행했던 것에 대해서 '법관 기피신청'을 당하니, 이에 대한 악감정이 일부 반영된 것 같기도 했다.

아니, 그러지 않고서야 고소인이 녹취 원본인 핸드폰을 중고 현금거래로 외국에서 팔아버리고, 심지어 이 사본인 녹취파일은 법정에서 시연하기 직전에 삭제하고, 이에 대해 명백하게 허위인 진술을 하는 데다가, 본인이 고소장에 적은 것과 다른 말을 하고, 또 경찰 조사를 받을 때와 법정 진술에서 얘기가 다른 부분까지도 있는데… 어떻게 23년을 때릴 수 있는 것인가?

…….

속된 말로 '이게 법치국가냐?'라는 말이 저자 목구멍까지 차올랐다.

하물며 선교회 교인들은 오죽했으랴?

여태까지 법정에서 일관되게 무죄를 주장하고 있는 정명석 목사 본인의 심경은 또 어땠을까?

저자가 당사자가 아니기에 감히 뭐라고 할 수는 없지만, 하늘이 무너져 내리는 심정이지 않았을까 싶다.

하지만 정명석 목사도, 선교회 교인들도
이대로 포기할 수는 없었다.

완전히 끝날 때까지는 끝난 것이 아니었으니…
정명석 목사의 변호인단은 곧바로 '항소'장을 제출했다.

그것은 억울함과 진실을 분명히 밝히기 위한 특단의 조치였다.

04

공정성을 느끼는
2심 재판
(보다 공정해진 2심 재판)

2심 1차 공판

대전고등법원 제3형사부
24. 3. 5. 4:40p.m.
231호 법정

☐ 수백 페이지에 달하는 항소이유서

지난 파트에서 살펴봤던 것처럼 정명석 목사의 1심 재판은, 세상에 무슨 이런 재판이 있나 싶을 정도로 부당했다. 이는 판사가 부정적이고 편향된 여론의 눈치를 봤기 때문이라고 생각한다.

그러나 정명석 목사 사건을 보도한 언론 대부분은 제대로 된 사실관계도 파악하지 않고, 소위 반 선교회 활동가라는 K의 말을 퍼 나르기에 바빴다.

실제로 K는 언론에서 정명석 목사가 1만 명을 초과해서 여성 신도들을 강간했다는 주장을 폈다. 이건 상식적으로 말이 안 되는 소리다. 일단 매일 하루도 빠짐없이 강간했다고 가정해도 27년이 넘게 걸리는데, 저자도 아직 건장한 대장부라고 하지만… 이건 뭐 헛웃음밖에 안 나온다. 참고로 올해 정명석 목사의 나이가 80세다.

그리고 만약 이 말이 사실이라면 선교회 교인들이 최소한 10명 중 1명은 이런 사실을 알고 있어야 한다. 하지만 실제는 전혀 그렇지 않고, 대부분의 선교회 교인은 K와 고소인들의 주장이 거짓이라고 강력하게 규탄한다. 또 한 가지 모순점을 말해보자면, 과거 정명석 목사의 사건도 마찬가지이고 현재 정명석 목사의 사건에서도 성범죄 사건에서의 가장 핵심적인 증거인 DNA가 전혀 나오지 않고 있다.

우리 사회에서 화제가 됐던 많은 성범죄 사건에서 DNA가 검출되어서 범인을 색출할 수 있었던 것과 굉장히 대비된다. 아니, 만 명 이상을 강간했는데 어떻게 그중에 DNA 증거를 가져오는 사람이 단 한 명도 없을 수 있나?

K와 고소인들은 자극적인 방송과 언론플레이로 온 나라의 화제가 되도록 만들었는데, 대한민국 국민들이 이 몇 명에게 놀아나고 있는 것이 한심했다.

오죽하면 고소인과 그 변호사, 그리고 고소인을 조사했던 경찰이 증거를 인멸하고 법정에서 허위의 진술을 하는데도, 왜 이게 뉴스로 안 나올까. 통탄할 노릇이다.

2024년 2월. 1심 재판의 모든 억울함과 부당함을 담은 항소이유서가 항소심 재판부로 제출되었고, 3월이 되어서 마침내 항소심 첫 재판이 시작되었다.

1심 때와는 달라진 법정의 풍경
교인들이 정명석 목사의 재판에 함께 자리 지켜

1심 재판 때는 선교회 교단에서 교인들에게 정명석 목사의 재판에 참석하는 것을 제지해 왔었다. 그래서 정명석 목사는 아직도 자신을 믿어주고 지지하는 수만 명의 회원들을 뒤로하고, 다소 쓸쓸하게 재판에 임할 수밖에 없었다. 재판정에 들어와 있는 사람들은 대부분이 K를 추종하는 반 JMS 조직에 속한 이들이었다.

그러나 1심에서 23년형이 나오자, 교인들은 교단의 반대를 무릅쓰고 법정에 나오기 시작했다. 선교회 교인들은 이날도 당일 아침 일찍부터 법정에 줄을 서서 기다렸다.

법원에서도 이렇게 많은 사람이 재판을 참관하러 올 줄은 미처 몰랐는지, 보안을 담당하는 직원들이 바짝 긴장하며 분주하게 움직였다.

하지만 이렇게 많은 인원이 재판을 참관하기 위해 왔음에도, 법원 직원들이 우려하는 사태는 일어나지 않았다. 교인들은 질서정연하게 줄을 서서 기다렸고, 법원 직원들의 통제에도 잘 따라줬다.

항소심 재판의 시작

첫 기일은 그 재판의 방향이 어떻게 흘러갈지를 알 수 있는 중요한 날이다. 2심 재판부는 항소이유서에 기재된 변호인의 지적사항에 대해, 지난 1심 재판의 문제점을 조목조목 지적하며 풀어나갔다.

대개 첫 재판은 앞으로의 변론 방향에 대해서만 개략적으로 얘기하고 마치는 경우가 많다. 그런데 정명석 목사의 항소심 첫 재판은 변호인들이 PPT 발표를 준비해왔고, 고소인들 주장의 모순점에 대해서 낱낱이 지적했는데, 그야말로 촌철살인(寸鐵殺人)이었다.

참고로, 이때 재판 변론에 섰던 변호사는 선임된 지 고작 일주일 정도 됐었다고 하니, 아무래도 1심에서 변론했던 변호사들이 정말 절치부심하여 항소심을 준비했구나 하는 생각이 들었다.

20여 분으로 끝날 것이라고 예상했던 재판은 1시간 이상으로 길게 이어졌고, 정명석 목사의 항소심은 첫 재판부터 치열했다.

주요 쟁점 1. 녹취파일의 증거능력

▶ 판사
원본이 없는 녹취파일이 증거능력을 갖추고 있는가?
사본이 조작·편집되지 않았는지 의심 든다.

원심 판결문에 '고소인 A의 아이클라우드에 복사된 녹취파일이 원본 내용 그대로 복사됐다고 인정된다'라고 적혀 있는데, 해당 파일이 편집과정을 거치거나 개작[13]이 없는 사본인지, 이로 인해 해당 녹취파일이 증거능력을 갖추고 있는지에 대

---

13 작품이나 원고 따위를 고쳐 다시 지음. 또는 그렇게 한 작품.

해 의심이 든다. 검찰은 이에 대한 의견서를 재판부에 제출하라.

주요 쟁점 2. CD로 제출한 증거의 재생시청

> ▶ 판사
> 1심(원심)에서 녹취록을 들어보지 않은 상황에서 확정된 증거로 채택한 부분이 있다.

> 변호인 측이 동의하지 않은 증거가 11개가 있는데, 검찰 측이 (이 영상에 대해) 재생신청을 했는지도 확인해 달라.

검찰 측은 재생신청을 하지 않았다고 했고, 재판부는 그렇다면 이 증거들은 2심 재판에서 재생시청을 하던가, 아니면 증거채택을 취소할 수밖에 없다고 얘기했다.

주요 쟁점 3. 녹취파일의 무결성

> ▶ 변호인
> 편집 가능성 의심된다. 입증하겠다.

> 녹취파일의 편집 가능성을 의심하고 있기 때문에, 편집 가능 여부에 대해 다시 실험해야 한다. 재판부에서 허가해 주신다면 전문가와의 미팅을 통해서 녹취파일에 대해 입증하겠다.

주요 쟁점 4. 녹취파일의 등사

> ▶ 판사
>
> 변호인의 등사 신청에 대해 검찰 측은 왜 복사를 거부하는가?
>
> ▶ 검찰
>
> 등사 및 복사를 허용하면 외부 유출의 우려가 있다.
>
> ▶ 판사
>
> 2차 가해 우려가 있을 때는 등사를 안 해 줄 수도 있는데, (해당 파일에는 피고인의) 목소리만 나오기 때문에, 피고인의 방어권 보장을 위해서는 등사를 해줘야 한다.

과연 2심의 판사는 1심과는 확연히 달랐다. 특히 저자는 재판부가 1심에서 절차를 위반하여 증거를 채택한 부분을 지적한 것을 보고, 정말 칼같이 원칙을 지킨다는 느낌이 딱 왔다.

그래, 재판은 이렇게 원칙에 맞게 공정하게 진행되어야지!

이렇게 2심의 첫 재판이 마무리되었다.

편파 방송을 규탄하는 집회 현장

2심 2차 공판

대전고등법원 제3형사부
24. 4. 16. 5:10 p.m.
231호 법정

☐ 재판부 " 녹취파일 등사(복사) 허용 "

2차 공판에서는 녹취파일의 등사(복사) 허용에 대한 쌍방간 치열한 공방이 오갔다. 1심 재판부에서는 녹취파일의 증거능력을 인정하고 변호인의 등사 요청을 수용하지 않았지만, 2심 재판부는 1심 판결문에서 원본이 아닌 사본으로서의 녹취파일은 증거능력이 없음을 지적하고 변호인의 요청을 받아들였다.

- **변호인** : 해당 파일은 원본이 없고, 녹취파일 사본만 존재하는데, '원본 = 사본' 해당 파일의 조작 여부를 감정하기 위해서 녹취파일 등사를 허용해 달라.

- **검 사** : 형사소송법 35조 3항[14] 에 따라서 피해자 신체의 안

---

14 형사소송법 35조 3항 : 피해자 신체의 안전을 따졌을 때, 해칠 위험이 있는 경우 열람 복사에 제한을 가할 수 있다.

전을 따졌을 때, 해칠 위험이 있는 경우 열람 복사에 제한을 가할 수 있다.

만에 하나 불특정 다수에 의해 피해자 사생활에 큰 지장을 줄 우려가 명백하기 때문에 등사는 안되고, 열람을 하더라도 피해가 안가는 방법을 지정해달라.

피고인의 변호사가 많고, 만약 녹취파일 등사를 허용할 경우에 어디까지 유출이 될지 우려가 된다.

・판 사 : 증거물에 대해서는 상대방의 방어권 보장을 위해서 특별한 사정이 없으면, 피해자 신변을 상하게 할 우려가 있을 경우 외에는 열람 등사를 허용하도록 하고 있다. 목소리만 나오는 녹취파일의 등사를 허용한다고 해서 피해자나 증인 등이 생명이나 신체에 안전을 현저히 해할 우려가 보기 어렵다.

녹취파일 유출에 대한 우려는 알겠으니, 지정한 변호인들에게만 허용하고 그 외에 파일을 돌리지 못하도록 조치하겠다.

저자는 고소인 A가 이미 여러 미디어 매체에 버젓이 출연하여 인터뷰한 것을 봤는데, 검찰이 주장한 2차 가해는 지나친 염려라는 생각이 들었다. 심지어 해당 녹취파일을 다국적 OTT를 통해서 전 세계에 공개한 것은 고소인이었다.(저자는 이런 경우는 또 처음 봤다.) 그런데도 녹취파일이 유출될 수 있다면서 등사를 제한해달라고 주장한다는 것은 조금 억지스럽다고 느꼈다. 하물며 교인들이 녹취파일 조작에 대한 의혹을 제기하고 있는 상황에서는 오죽할까?

판사는 쌍방의 입장을 고려하여 녹취파일을 등사해주되, 특정 변호인에게만 해주고 파일이 유출되지 않게끔 조치하기로 했다. 저자가 볼 때는 2심의 판사는 1심과는 다르게 원칙에 의거하여 공정하게 하고 있다는 생각이 들었다.

☐ 녹취파일 증거능력 유무에 대한 쌍방 논쟁
재판부, 재생시청의 절차 없으면 증거로 채택 불가

형사 재판에서 CD 형태의 증거물들은 반드시 재생시청의 절차를 거쳐야만 증거로 채택될 수 있다. 검사 측과 피고인 측 모두 해당 CD를 시청하고, 증거를 제출한 쪽에서 간단하게 입증 취지를 설명하면 반대쪽에서 반론을 하는 방식이다. 이후에 재판부는 해당 증거물을 채택할지 말지를 정하게 된다.

그런데 1심 재판부는 검찰 측에서 CD형태로 제출한 증거가 다수 있었는데, 이를 놓고 재판에서 하나도 시청하지 않고 증거로 채택해버리는 우를 범했다.

재판을 원리·원칙에 의해서 공정하게 하지 않았다는 또 하나의 방증이었는데, 이는 홍콩 고소인 A가 핵심 증거로 제출한 녹취파일에 대해서도 마찬가지였다. 이 녹취파일의 경우에는 A의 법정 증인신문에서 시연하려고 했는데, 고소인 A와 그 변호사 및 A를 조사했던 경찰이 신문 당일 오전에 삭제해버렸다. A가 투숙하던 모텔에 모여서.

원본이 없는 사본이라서 증거능력도 없지만, 이 녹취파일은 증거로 채택되기 위한 절차도 거치지 않은 것이었다.

이렇게 해서, 다음 기일에는 1심 재판부에서 증거 채택 과정에 있어 절차를 위반하고 위법하게 증거를 채택했던 CD들을 재생 시청하게 되었다.

- **검 사** : 고소인이 성적 피해를 당하면서 휴대전화로 녹음한 것으로 피고인과 대화 내용이 녹음되어 있다. 신음 소리 등 피고인의 성적 행위를 인정할 만한 육성이 있었다. 소리 자체가 입증 사실이 된다. 신음 소리가 진짜인지 아닌지 가릴 이유가 없다.

  원본이 삭제되었다 하더라도 미리 추출한 해시값(데이터 주소)을 비교하여 동일성을 인정할 수 있다.

  사본 파일에 대한 감정을 통하여 조작의 흔적이 없다는 점 등을 통해 동일성을 판단할 수 있고 엄격한 증거를 요하지 않고 자료로 국한해서 할 수 있다는 대법원의 판례에 따라 1심에서는 증거능력이 있다고 판결했다.

- **판 사** : 녹취파일을 증거로 채택하려면 고소인과 피고인 양측이 듣고 인정해야 증거로 채택할 수 있다. 고소인이 증인으로 출석해서 진정 성립을 인정하는 과정에서 녹취파일을 재생 신청해서 자기가 말한 대로 녹음되어 있는지 확인하는 절차를 거쳤는가?

• 검　사 : 그러한 절차를 거치지 않았다.

• 변호인 : 고소인이 법정에 출석한 날, 녹취파일을 시연하기로 예정돼 있었는데, 당시에 참여했던 수사관이 아침에 시연을 한다고 하면서 아이클라우드 앱에 있는 녹취파일을 삭제했다. 그래서 현장에서 녹취파일을 재생 진행 자체를 안했다. 녹취파일 송치도 안 됐고 재생도 안 되었다. 따라서 진정성립[15] 을 할 수가 없다.

• 판　사 : 나머지 CD 증거들은 재판에서 재생시청 했는가?

• 검　사 : …안 했다.

• 판　사 : 그러면 전부다 절차 위반으로 인해서 증거를 취소해야 한다. 지금이라도 증거로 제출한 CD들을 시청할 것인가?

• 검　사 : 그렇게 하겠다.

15　형사소송법 313조에 따라, 어떤 문서나 사실이 맞다고 확인해 주는 것을 말한다.(진정한 의사에 의해 진정하게 성립된 것인지 증명하는 것을 의미함.)

☐ **변호인단 : 월명동 수련원 현장검증 요청**
  재판부, 동영상으로 제출

- **검　사** : 물리적인 폭행이나 협박은 없었지만, 고소인의 신체적 자유가 제한되어 있었다면 심리적으로 위축되고 압박을 받았을 것이다. 그곳이 월명동 수련원이다.

- **변호사** : 만약에 수련원이라는 공간이 일반적인 교회나 성당, 사찰과 같은 아무나 자유롭게 올 수 있고 신도들이 와서 묵을 수 있는 공간이라고 한다면 심리적인 억압이라는 판결이 달라질 수 있다. 재판부의 현장검증을 요청한다.

- **판　사** : 현장검증은 어렵고, 범죄가 일어났다고 검찰이 주장하는 장소를 구체적으로 설명하는 게 낫다. 현장 증거 조사하지 않은 증거들에 대한 증거조사는 절차 진행 고지하고, 제출한 자료들로 다음 기일에 법정에서 시연하는 것으로 하겠다.

변호인단은 1심에서도 재판부에 현장검증을 요청했었다. 하지만 1심 재판부는 제출된 증거 중에 경찰이 현장 검증한 영상이 있다고 이를 받아들이지 않았었다.(고소인 A와 함께 녹취 파일을 삭제하고 압수 조서를 허위로 작성했다는 그 경찰임)

2심 재판부는 이번 요청에 대해 피고인의 구속기간 만료까지 시간이 없어서, 변호인단에서 현장검증 동영상을 제출하면 그것으로 대체하겠다고 하였다.

사건 현장인 월명동에 직접 방문해본 저자로서는 재판부의 이 결정이 좀 아쉬웠다. 왜냐하면, 현장을 살피면 고소인들이 주장하는 바가 말이 안 된다는 것을 여실히 느낄 수 있기 때문이었다.

한국인 고소인 C에 대해서도, 좁은 2인승 골프카에 키가 170cm를 훌쩍 넘는 여성 두 명과 정명석 목사가 세 명에서 타는 상황. 운전석에 앉은 정명석 목사는 자리를 좁힐 수가 없고, 조수석에 앉은 여성 두 명이 살짝 겹쳐 앉아야 간신히 탈 수 있을 텐데, 이렇게 되면 고소인 C가 주장하는 성추행이 불가능하게 된다. 그래서 고소인 C는 세 명 모두 빡빡하게 나란히 앉았다고 하는데, 사실 이 주장도 딱히 신빙성이 있지는 않다. 그렇게 빡빡하게 다리를 딱 붙이고 앉았는데, 정명석 목사의 손이 고소인의 다리 사이 안쪽으로 어떻게 들어오겠나?

이처럼 재판부가 직접 현장검증을 해줬으면 더 확실했겠다는 생각이 들었지만, 그래도 현장검증 요구 자체를 아예 기각시켰던 1심 재판부에 비하면야 훨씬 공정하게 재판을 하고 있다는 생각이 들었다.

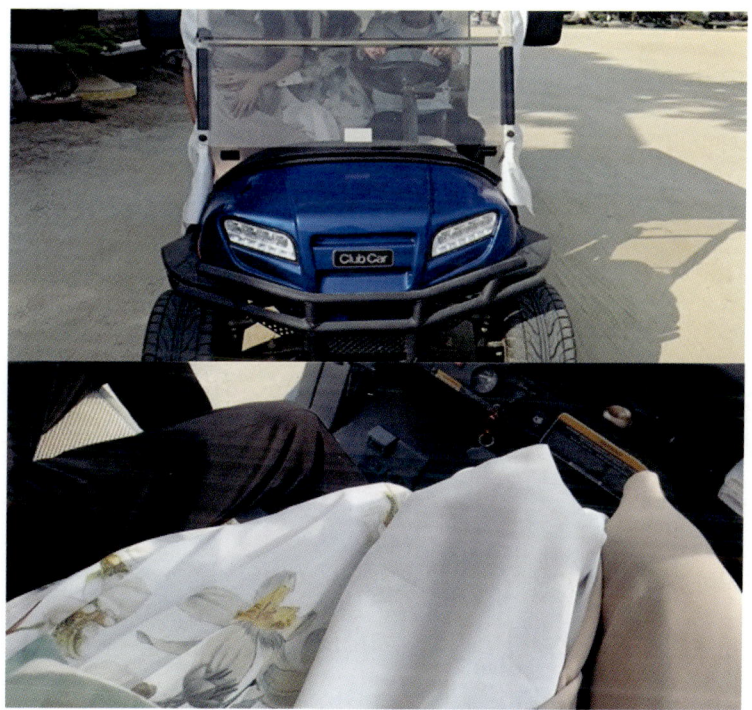

고소인 C가 성피해 당했다고 하는 상황(재현)

2심 3차 공판

대전고등법원 제3형사부
24. 5. 30. 10:00a.m.
230호 법정

☐ 정명석 목사 재판을 처음으로 직접 참관

저자는 이전에도 정명석 목사 사건에 대해 꾸준히 직접 발로 뛰면서 취재를 했다. 사건의 현장이라고 할 수 있는 기독교복음선교회(세칭 JMS)의 월명동 자연성전에도 가 보고, 서울에서 처음 300명이 모여서 집회할 때와 이후 수많은 사람이 시청 앞 대로에 나와서 집회할 때도 있었다.

그러나 재판을 참관하러 직접 가지는 않았었는데, 항소심 3차 공판 때부터는 재판에 직접 참관하기로 마음먹었다.

항소심 3차 공판일인 5월 30일 오전 6시. 서울을 떠나 대전으로 향했고, 대전지방법원에 도착한 시간은 8시가 조금 넘었다. 이날 재판이 열리는 법정은 대전지법 고등법원 230호.

법정으로 통하는 검색대 앞에는 이미 50여 명이 줄을 서서 입장을 기다리고 있었다. 저자는 취재하며 알게 된 교인들을 통해서 자리를 양보받을 수 있었고, 무사히 법정 입구 검색대를 통과하였다. 이후, 2층 230호 법정 앞에서 번호표를 나누어 주는 교단 측 인사로부터 13번 번호표를 받았다.

정명석 목사의 항소심 재판이 열리는 230호 법정 참석자는 변호사를 포함 37명이었다.

재판 참관을 위해 법정 앞에서 줄을 서 있는 교인들

이어 10시가 되자 대전고등법원 제3형사부의 재판이 시작되었다. 이날은 정명석 목사의 재판이 앞서 다른 사건의 항소심 '선고'가 있었는데, 변론은 이미 종결된 후였기 때문에 신속하게 종료되었다.

이후 피고인이 된 정명석 목사의 재판이 지난 4월 16일에 이어 속행되었다. 재판장이 사건번호를 호명하자, 피고인인 정명석 목사가 입장했다. 교도관은 5명이었고, 정명석 목사의 상의 우측에는 '수인번호 2392'가 보였다. 고령의 나이에 오랜 기간 수감 되어 있어서 조금 걱정되었으나, 다행히 건강에는 문제가 없어 보였다.

3차 공판은 오전과 오후로 나눠 진행되었다. 재판부는 지난 2차 공판 조서를 정리했고 이날 재판은 녹취파일 감정, 항거불능, 증거 CD 재생시청을 주된 내용으로 진행되었다.

☐ 변호인 측은
녹취파일의 조작·편집을 밝혀낼 의지가 있는가!

판　사 : 4월 16일 녹취파일 등사 허용
변호인 : 5월 3일 등사 후,
**　　　　 5월 28일 감정 신청서 제출**

지난 2차 공판에서 재판부는 변호인 측에 녹취파일 등사(복사)를 허용해 주었는데, 무슨 이유에서인지는 모르겠지만 변호인단은 5월 3일에 뒤늦게 등사를 받았다. 그리고 감정 신청서는 5월 28일에서야 제출했다.

녹취파일의 쟁점은 2가지.

첫째, 증거능력 인정 여부이다.

둘째, 무결성 입증이다. 즉, 녹취파일이 조작·편집이 된 것이 없는지를 검증하는 절차이다.

사실 홍콩 고소인 A는 녹취파일의 원본이라고 할 수 있는 녹취 당시의 아이폰을 중고 현금거래로 팔았다고 했기 때문에, 이 녹취파일은 원본이 없는 것이나 다름없다. 그래서 증거능력은 이미 없다고 볼 수 있다.

하지만 지금 이 재판에서는 증거능력을 넘어서, 녹취파일의 무결성을 살펴보는 것이 너무나도 중요하다. 이 녹취파일이 조작·편집되었다면, 고소인들이 죄가 없는 정명석 목사를 억울하게 무고한 것이 밝혀지기 때문이다.

그리고 이번에 녹취파일 등사가 허용된 것은 녹취파일의 조작·편집을 밝힐 수 있는 절호의 기회였다. 그런데 어째서 변호인단은 한 달 반이 지나서야 감정 신청서를 냈을까?

정확히는 모르겠지만 여기에는 변호인단 내에서 복잡한 내막이 있는 것으로 보인다.

2024.05.28	변호인 법무법인 ■	사실조회신청 제출	
2024.05.28	변호인 법무법인 ■	증거자료 제출서 제출	
2024.05.28	변호인 법무법인 ■	감정신청(전자화불가문서) 제출	
2024.05.29	변호인 법무법인 ■	열람및복사신청 제출	
2024.05.29	변호인 법무법인 ■	증거자료 제출(전자화불가문서) 제출	
2024.05.30	변호인 법무법인 ■	증거자료 제출 제출	
2024.05.30	변호인 법무법인 ■	증거자료 제출 제출	
2024.05.30	변호인 법무법인 ■	증거자료 제출 제출	

정명석 목사의 재판 진행기록

☐ **판사의 녹취파일 감정에 대한 입장은?**
녹취파일의 증거 가치는 크지 않다

문제의 녹취파일은 원본도 없는 사본이고, 국과수의 감정의 결론도 '원본이 없어서 편집 여부를 확인할 수 없다'는 것이었다. 심지어 CD 형태의 증거가 채택되기 위해서는 법정에서 재생시청을 해야 했는데 그마저도 없었으니, 증거능력이 없다고 봄이 타당할 것이다.

그럼에도 불구하고, 재판부는 쌍방이 제출한 의견서를 참고하여 어떻게 감정을 진행할 것인지에 대해 논의했는데 검찰은 녹취파일을 유출하지 않겠다는 서약서를 쓰고도 변호인의 녹취파일 유출을 지적하며 등사를 취소하고, 녹취파일 회수를 요청했다. 이에 변호인은 피고인의 목소리를 확인하기 위해 선교회 내 몇 명의 지도자들과 함께 들었던 것이라고 반박했다.

☐ 판사, 감정을 어떻게 진행할 것인가?
감정기관 2곳, 공감정 결정
- 검찰, 대검찰청
- 변호인 추천 4개 감정기관 중 1개 선택 지정

> 판 사 : 검찰 측은 대검찰청에 감정을 하고, 한쪽은 변호인 측이 사감정을 해서 서로 비교하여 진정 여부를 판단해 보고자 했다. 그런데 금양 측이 검찰이 주장하는 법원에 지정을 해달라고 감정 신청서를 냈다.

검 찰: 변호인 측에서 이미 감정 신청도 아닌 감정인 지정 신청서를 제출하고 4군데 감정인을 후보로 올리셨다. 사설 기관이기 때문에 감정 경험이 있고, 매수 가능성이라든지 공정성이나 객관성에 문제가 있을 수 있기 때문에 대검찰청에도 감정을 하는 것이 공정성을 위해서 좋겠다.

변호인: JTBC에 나왔던 3분 10초 짜리 녹취파일과 넷플릭스 '나는 신이다'에서 나온 1분 10초 짜리 녹취파일에서 조작·편집이 명백히 밝혀졌다고 했다. 고소인 A가 제출한 97분의 녹취파일은 같은 날, 같은 장소에서 녹음된 것이 아니라는 것이 분석을 통해서 나왔다.

증거능력이 인정되느냐 안 되느냐도 중요하지만, 녹취파일이 조작된 것이라면 고소인 진술의 신빙성을 탄핵할 수 있다.

대검찰청은 검찰청 최고 기관이기 때문에, 공적 감정 기관으로 재판부에서 별도로 한 번 더 지정해 주시면 감정 결과에 대한 신뢰성을 유지할 수 있다.

> 판　사 : 녹취 분석 연구소를 감정으로 지정해서 감정인 신문 기일을 다음 주 초 중에 한 번 하자. 원본이 없는 상태이니 조작된 것인지 여부가 주된 감정이다.

재판부는 쌍방의 주장을 반영하여 공감정으로 진행하기로 했다. 대검찰청과 변호인이 추천한 4개의 감정기관 중 판사가 1곳을 공감정인으로 지정하여 진행하기로 했다. 이에 대해, 6월 11일에 감정인을 법원으로 불러서 감정인 선서한 후 감정인 신문을 진행하고 감정사항 결정하기로 하였다.

한편, 변호인 측은 등사 받은 녹취파일에 대하여 아래와 같은 탄핵 증거들을 제출하였다.

녹취파일 탄핵 증거

① 넷플릭스 및 JTBC에 공개된 녹취파일에 대한 감정서
- 한 장소에서 녹음을 했다면 주파수 영역대가 동일해야 되는데, 녹음 주파수가 다르고 피고인 대화의 주파수가 달랐음.
- 화자가 고소인, 피고인 2명이어야 되는데, 제3자 대화 목소

리가 편집되어 있다.

② 넷플릭스 및 JTBC에 공개된 녹취파일에 대한 성문 감정서
- 만약 고소인의 주장대로 관계를 하는 상황이었다면, 여성과 남성의 목소리가 자연스럽게 겹칠 수밖에 없는데, 해당 녹취파일에서는 여성과 남성의 목소리에 전혀 겹치는 부분이 없었음.
- 남성 목소리와 여성 목소리의 주파수 배경 음폭이 다름.

③ 등사된 녹취파일에 대한 공증 속기록
- 녹취록 전반에 걸쳐서 짧은 시간 동안 대화의 흐름이 너무 많이 바뀌어서 어색함(ex 40초 동안 대화 흐름 4번 바뀜)
- 대화 도중에 정명석 목사가 갑자기 잠을 자더니 또 갑자기 일어나서 대화를 함.
- 방에 있었다면 들리지 않았을 물소리, 빗자루 같은 것으로 바닥을 쓸고 있는 소리, 동굴에서 울리는 소리 등이 들림.
- 고소인이 제출한 속기록에는 '정신적인 사랑'을 '정 주는 사랑'으로 잘못 표기하는 등 실제 음성과 다른 부분들이 다수 존재함.
- 정명석 목사가 아닌 제3의 남자 목소리가 명확히 존재

④ 등사된 녹취파일에 대한 해시값 분석
- 압수 조서에 나와 있는 해시값과 국과수 감정서에 나와 있는 해시값이 서로 다른 방식으로 표기되어 있는데, 이를 동일한 방식으로 바꾸니 해시값이 다른 것이 확인됨.

이 탄핵 증거들을 보면서, 저자는 '이러니까 녹취파일이 재판에서 재생되지 못하도록 삭제했지!'라는 생각이 들었다.

☐ CD 형태의 증거들 및 현장검증 영상

녹취파일에 대한 변론 이후, 증거채택 절차를 위해서 CD 형태의 증거들을 시청했다. 현재 대검찰청에 포렌식을 맡겨놓은 이유로 고소인 A의 녹취파일은 청취하지 못했고, 나머지 증거 CD를 재생 시청했는데 대부분이 '교리에 의한 항거불능'에 관련된 증거들이었다.

주로 정명석 목사의 설교가 많이 나왔고, 검사 측은 "피고인이 메시아라고 했다!"라고 했지만, 실제 영상에서 정명석 목사가 그렇게 얘기하는 대목은 없었다.

변호인은 "피고인이 하나님의 말씀을 받아서 전해주는 시대사명자라고 했지, 예수님보다 위에 있다거나 예수님 같은 절대적인 메시아라고는 한 적이 없다."라고 주장했다. 실제로 정명석 목사의 설교 말씀 영상을 다수 가져왔는데, 거기에는 '나는 심부름꾼이다. 줄반장 정도밖에 안 된다.', '절대적 메시아, 이런 어마어마한 단어는 예수님에게만 붙일 수 있다' 등 직접 말하는 내용이 나왔다.

이후에는 변호인이 제출한 현장검증 영상을 시청했는데, 앞부분만 시청하고 시간 관계상 다음 기일에 이어서 보기로 했다.

홍콩 고소인 A의 증인신문 신청

녹취파일이 등사되고, 여기에 관련된 여러 가지 탄핵 증거가 쏟아지자, 검사 측은 홍콩 고소인 A를 다시 법정에 증인으로 신청하겠다고 했다.

이는 검사 측이 이대로는 재판을 진행하는 게 어려워졌음을 뜻하기 때문에, 정명석 목사 측에 매우 유리한 상황이었다. 당연히 변호인단도 마다할 이유가 없었다.

사실 1심에서는 증인신문이 진행되기는 했지만, 당시 재판부는 재판 변론이 끝나기도 전에 정명석 목사의 유죄를 예단하고 있었고, 이런 분위기 속에서 신문을 진행했으니, 변호인들에게 많은 어려움이 있었을 거라고 생각한다.

그런데 또다시 홍콩 고소인 A를 증인 신문할 기회가 주어지다니!

물론 증인이 출석하지 않을 수도 있는 상황이지만, 출석하게 된다면 이는 정명석 목사의 억울함을 밝혀낼 또 다른 천재일우의 기회가 될 것으로 보였다.

🟥 항거불능의 변론에 대하여

재판장은 재판을 마무리 하면서, '항거불능'에 대한 변론 방향을 정확하게 제시했다.

> 지금 피고인의 지위가 예수와 동급이냐 아니면 연결자에 불과하냐의 문제는 부차적인 문제인 것이다.
>
> 핵심은 항거불능에 빠지게 된 논리구조가 어떤 것이냐. 그리

> 고 심리적으로 반응하기 어려운 상태에 어떻게 이르렀냐가 핵심이다. 그것이 주된 것이라서 피고인이 설교하면서 "내가 예수다."라고 한 적 없다는 쪽으로 결론을 잡을 것이 아니다. "내가 예수"라고 한 적이 없다고 해서 "나는 아무것도 아니다." 그렇게 인정할 수는 없다. 중간에서 목사이고 상당한 지위와 영향력을 행사했던 사람이니까, 그렇게 변론을 해서는 안 된다.
>
> 검찰 측에서도 피고인이 "예수"라고 했다고 할 것이 아니라, 종교와 관련해서 어떤 논리구조로 심리적으로 현저히 반항이 곤란하게 된 것인지에 대한 쪽으로 쌍방 변론을 하는 게 좋겠다.

저자는 이것을 보고 편향된 여론에 의해 재판 결과를 '예단' 하며 부당한 재판을 진행했던 1심 판사와는 달리, 2심에서는 공정하게 재판을 하고 있다는 것을 확신하게 되었다.

❏ 재판부, 피고인 '보석'도 고려

공감정 절차가 진행되면 감정인 신문, 예산 확보 및 절차 진행에 소요되는 기간이 있었다. 하지만 정명석 목사의 구속만기일은 8월 15일까지인데 어찌될 지는 미지수였다.

　검사 측은 재판부에 어떻게 해서든 구속만료일에 재판을 끝낼 것을 촉구했지만, 재판부는 공정한 재판을 위해서 충분한 심리가 필요한 상황이므로 피고인을 불구속 상태에서 재판을 계속할 것까지 고려하고 있다고 했다. 이는 하늘이 돕는 징조였다.

　저자는 80세 고령의 나이로 벌써 1년 반 동안 수감 되어 있던 정명석 목사에게는 천만다행이라고 생각했다.

　이날 소식을 전해 들은 선교회 교인들도 모두 기뻐하였고, 다들 곧 고소인들의 거짓과 정명석 목사의 억울함이 당장이라도 풀어질 것으로 기대하며 들떠 있었다.

녹취 파일 감정 결과 조작되었다고 밝혀지자 규탄하는 교인들

2심 4차 공판

대전고등법원 제3형사부
24. 6. 25. 10:00a.m.
231호 법정

▢ 재판부, "공감정 취소" 결정

공감정인 신문이 예정되어있던 2024년 6월 11일. 그런데 돌연 6월 25일 4차 공판으로 연기가 되었다는 소식을 들었다.

감정인 선정에 뭔가 어려움이 있는 것인가? 하는 생각이 들었다. 아니나 다를까, 6월 25일 재판에서 재판장은 공감정인으로 부탁했던 감정기관에서 모두 '감정이 어렵다'라는 답변을 회신받았다고 했다.

이유인즉, 이 녹취파일은 '원본'이 없어서, 원본과의 동일성을 입증할 수가 없다는 것이었다.

얘기를 들은 저자는 답답해서 가슴을 쳤다. 그 원본도 없는 녹취파일을 증거로 채택한 것이 1심 재판부이고, 지금 중요한 것은 원본과의 동일성이 아니라 이 파일 자체에 인위적인 편집의 흔적이 있냐 없냐는 것인데….

그렇다면 고소인 주장대로 아이폰 11의 기본 어플로 녹음하고 편집하지 않았다는 가정하에 비교하면 될 것이 아닌가.

공감정 신청을 했던 곳은 도대체 어떻게 감정 신청서를 냈으면 이런 상황이 오는 것인가?

저자는 도무지 이 상황을 이해할 수가 없었다. 그런데 잠시 후에, 더더욱 이해 못 할 상황이 벌어졌다.

· **판　사** : 대검찰청도 그렇고, 다른 감정인들도 원본이 없어 감정이 안 된다고 한다. 변호인단은 어떻게 했으면 좋겠습니까?

· **변호사 A** : 아니, 공감정은 필요 없구요.

· **다른 변호인들** : (당황) ?!

· **판　사** : (의아) ??

- **변호인 B** : 그게 아니구요, 재판장님. 저희 변호인단에게 시간을 좀 더 주시면 저희가 다른 대안을 마련해보도록 하는 것으로….

- **판 사** : 검사측은 감정을 어떻게 했으면 좋겠습니까? 실질적으로는 지금 감정이 좀 어려운 상황인데.

- **검 사** : 저희는 뭐… 공감정 진행이 어려운 상황이라면, 꼭 진행하지 않아도 괜찮습니다.

- **판 사** : 그러면 공감정은 취소하는 것으로 하겠습니다.

어떻게든 물고 늘어져서 강력하게 공감정을 추진해야 할 변호인이 먼저 판사에게 공감정은 필요 없다고 말했다.

비록 마이크에 대고 얘기하지는 않았지만, 그 목소리가 방청석에 있는 사람들에게까지 또렷하게 다 들렸고, 재판부도 다 들었다.

당시 재판을 참관하고 있던 방청객들은 모두 깜짝 놀란 기색이었고, 심지어 그 문제의 변호사를 제외한 나머지 변호사들도 모두 당황한 것 같았다.

뒤늦게 다른 변호인들이 "재판부에서 시간을 좀 더 주시면 변호인단에서 다른 대안을 마련해보겠다."라고 얘기했지만, 이미 그 변호사가 "공감정은 필요 없다"라고 했던 발언이 너무 세게 들어가 버린 상태였다.

재판장은 검사 측에도 공감정을 꼭 해야 하냐고 물었는데, "굳이 해야 할 필요는 없다."라고 대답하는 검사의 표정은 '이게 웬 횡재냐.' 하는 표정이었다.

변호인들의 사감정이야 여러 가지로 태클을 걸어서 신뢰할 수 없다고 주장하면 그만이지만, 법원의 주재로 공감정을 진행해서 조작이라는 감정 결과가 나오면 더는 토를 달 수 없으니 내심 공감정의 취소가 반가웠을 것이다.

결국 공감정은 취소되었고, 이렇게 되자 정명석 목사의 보석에 대한 얘기도 없는 얘기가 되어 버렸다. 그리고 판사는 최대한 피고인의 구속만료일 전에 재판을 마무리할 수 있도록 노력해볼 테니, 다음 기일이 변론종결일이 되도록 준비하라는 발언까지 하였다.

바로 직전 기일까지만 해도 재판 분위기가 좋았는데, 어떻게 상황이 이렇게 뒤집어질 수가 있는가?

저자는 이때 당시 그 변호사가 왜 "공감정은 필요 없다"라고 얘기했는지 도무지 이해할 수가 없었다.

일러스트 – 재판정의 모습

'공감정'은 검사 측이 반박하지 못하도록 녹취파일이 조작됐다는 것을 확실히 밝힐 수 있고, 변론 준비와 증거조사에 필요한 시간도 안정적으로 확보하면서, 정명석 목사도 구속에서 풀려나서 더 나은 여건에서 재판을 받을 수 있는 절호의 기회였는데 이걸 이렇게 날려 버린 것이다.

그런데 더 황당한 것은 재판이 끝나고 법원 앞에서 교인들에게 재판 브리핑을 하는 모 변호사였다. 앞서 얘기했던 변호사가 독단으로 공감정이 필요 없다고 해서 취소되는 상황까지 생겼는데, 이에 대해서는 전혀 말하지 않고 그냥 재판이 잘 되고 있다고만 말하는 것이었다.

도대체 이게 어떻게 돌아가는 판인가? 변호인들의 통일된 행동이 없이 각개 전투였다.

저자는 갑작스러운 특정 변호인의 돌발행동이 황당하게 느껴졌고, 아무리 생각해봐도 무엇인가 이상하다는 느낌을 받았다.

예수님을 증거하는 정명석 목사의 설교

☐ 현장검증 영상 시청

변호인단은 지난번에 제출했던 현장검증 영상이 아닌, 새롭게 보완하여 제작한 현장검증 영상을 시청할 것을 요구했다. 이에 재판부는 새로운 영상을 지난번에 봤던 부분부터 새롭게 보려고 했는데… 해당 영상에는 조금 문제가 있었다.

딱 봐도 신경 써서 열심히 만든 티는 나지만, 이 영상은 '변론'이 아닌 '증거'로서 제출된 것이었다. 그런데 단순히 현장을 보여주고 간단히 설명하는 수준을 넘어서, 너무 많은 변론이 담기게 된 것이었다. 이에 대해서는 재판부도 곤란하다는 입장을 표명했고, 결국 새롭게 보완한 영상은 증거로 채택하지 않기로 했다.

현장검증 영상은 기존에 제출했던 것을 이어서 보는 방향으로 진행됐으며, 그 영상에도 변론이 많이 나오는 부분은 '빨리감기'를 통해서 건너뛰면서 봤다. 이 부분도 저자는 너무 아쉬웠다.

☐ 홍콩 고소인 A 증인신문 거절
   기타 증인 신청

> ▶ 판　사 : 1심에서 증인신문을 진행한 바 제대로 이뤄지지 않았다는 특별한 사정이 없다면 성폭력 고소인을 다시 불러 묻는 것은 부적절하다.

위와 같은 사유로, 홍콩 고소인 A의 증인신문은 진행되지 않게 되었다. 저자가 보기에는 이 또한 변호인단에게 불리하게 작용할 요소였다.

한편, 다른 증인으로는 호주 고소인 B에 대한 선교회 측 증인 신청이 있었고, 그밖에 녹취파일 감정에 관련하여 국과수 감정인이 증인으로 신청되기도 했다. 검사 측은 대검찰청 포렌식 감정인과 포렌식 전문가라고 하는 별도의 감정인을 증인으로 신청했다.

이날 재판은 공감정이 취소되면서 생각보다 일찍 종료되었다.
그리고 마지막 변론기일이 될지도 모르는 다음 재판은 7월

25일로 잡혔다.

▢ 재판 직후, 참관했던 젊은 여성 신도들과의 인터뷰
"정 목사님은 100% 무죄다!"

저자는 이날 법정을 나오면서 재판에 참관한 여자 교인 4명과 짧은 인터뷰를 가졌다. 질문은 "정명석 목사는 어떤 분이고 재판 결과는 어떻게 될까?" 였다. 이에 선교회에 입교한 지 15년이 됐다는 서울에서 온 28세의 H씨는 "목사님은 제가 존경하는 분으로 제가 죽고 싶도록 어려울 때 그분의 말씀을 듣고 살고 싶은 희망을 가졌으며, 특히 월명동에 가서 힘을 얻었다"면서 "목사님은 완전 무죄로 나오셔야 하고 목사님을 고소한 사람들은 저와 함께 있었던 사람들로, 그들의 거짓을 알기에 너무 억울하다. 그래서 법정에 와본 것"이라고 말했다.

이어 수원에서 왔다는 입교 14년 차의 28세인 I씨는 "목사님은 사랑이 많으신 분이다. 그분은 전쟁터에서도 적을 죽이지 않고 사랑으로 살리신 분으로 모든 사람을 대할 때도 하나님의 입장에서 생각하시고, 맞추어주는 자상하고 훌륭한 분"으로 "목사님은 반드시 나오신다. 1999년도부터 억울한 일을 당하시고, 똑같은 사람이 계속 거짓된 행동을 해 왔는데 이제는 그 죄상이

낱낱이 밝혀지기를 바란다"라고 말했다.

또 입교 6년 차인 안산에서 왔다는 27세의 J씨는 "목사님은 저에게 왜 인생을 사는지? 꿈과 희망, 궁극적인 목적, 사랑이 무엇인지를 깨닫게 해주시고 행복을 느끼고 인생을 살고 싶게 해주신 분"이라고 말했다. 그는 또 "목사님은 100% 무죄다. 핵심 증거인 녹취파일은 조작된 것으로, 그 외에는 직접적인 물증도 없다"라고 말했다.

제자들과 함께 월명동 개발 작업 중인 정명석 목사
- 정 목사는 항상 솔선수범하여 제자들과 함께 직접 행하였다고 한다.

끝으로, 입교 14년 차인 28세로 평택에서 왔다는 K씨는 "목사님은 사춘기 청소년들부터 어른들까지 사랑으로 대해 주시고 하나님, 성령, 예수님을 섬기시며 쓰레기를 버리지 않고 직접 청소하시는 오직 사랑을 실천하시는 분으로 순수하고 비범하신 분으로 전쟁에도 참여하신 국가유공자"라고 말했다. 이어 그는 "대한민국은 증거재판주의 국가다. DNA, 증거가 없다. 적합한 증거도 없다, 절대 목사님은 그런 분이 아니다. 김지선은 섭리역사를 빼앗기 위해 목사님을 괴롭혔다, 목사님은 그를 믿었지만, 그는 목사님을 배신했다"라고 말했다.

짧은 인터뷰였지만, 이 젊은 청년들의 한 마디 한 마디에는 진심이 느껴졌다. 이들은 내가 기자라고 해서 없는 말을 꾸며내거나 겉으로 보이기 위한 어떤 말을 하는 것이 아니라, 마음속 깊은 곳에서 우러나오는 확신이 있었다.

시청 앞 대로에서의 집회 현장

사진은 작년 8월. 기피신청이 된 이후에 선교회 교인들이 시청 앞 대로를 가득 메우고 공정한 재판을 위한 집회를 했을 당시의 사진이다.

정명석 목사는 무죄다!

이들의 외침을 듣고 있노라면, 가슴이 뜨거워진다.

정명석 목사를 둘러싼 이 모든 음모에 대한 진실들이 조속히 드러나기를, 저자는 끝까지 취재하겠노라고 결심하게 되었다.

2심 5차 공판

대전고등법원 제3형사부
24. 7. 25. 10:00a.m.
301호 법정

지난 4차 공판에서 재판부는 이번 기일에 변론을 종결할 수 있으면 그렇게 하도록 하겠다고 했다. 어쩌면 항소심 마지막 공판이 될 수도 있는 재판은 이렇게 시작되었다.

2심 5차 공판 301호 법정 앞에서의 저자

이날은 항거불능에 대한 검찰과 변호인들이 제출한 의견서 및 그에 대한 진술, 호주 고소인 B와 관련된 증인 및 녹취파일과 관련된 증인 3명을 신문하기로 예정되어 있었다.

☐ 항거불능

> **· 검 찰**
> - JMS는 고소인들이 메시아라고 믿도록 세뇌하고 나서, 성범죄의 대상이 되는 키 크고 예쁜 여성들을 피고인이 있는 월명동으로 보냈다.
> - 위의 세뇌에 대한 내용이 교리에 들어있지는 않지만, 별도로 세뇌를 시켰다.
> - 추가 고소인들도 얘기하기를, 피고인의 말을 듣지 않으면 지옥에 간다고 했다.
> - 성범죄의 대상이 되는 여성들은 김지선이 관리하면서 월명동에 내려가게 한다. 숙소를 주고, 돈을 주며 살게 하고 관리도 했다.
> - 고소인들은 피고인의 성적 행위에 대해 성범죄와 종교적 의미에서 혼란스러워했다.
> - 만민중앙교회와 구원파 사건에서도 항거불능상태를 인정했다. 피고인은 그들보다 선교회 내에서 지위가 절대적인

존재다.

- **변호인**
- 특정한 교리로 고소인을 세뇌시켜 이성을 마비시키고 항거불능으로 만들었다는 주장에, 검찰이 주장하는 특정한 교리는 없다.
- 이에 관련하여, 피고인이 수십 년간 설교해온 영상을 증거로 제출했다. 검찰 측 주장은 전부 다 고소인들의 진술뿐인데, 증거를 가져와라.
- 피고인과 신체 접촉을 거부하며 지옥에 간다는 교육도 전혀 없다.
- 피고인은 고소인들에 대해서 거주 이전의 자유를 제한하거나 고립, 격리시킨 사실이 없다.
- 고소인들은 자유롭게 활동했고, 교리에 세뇌당했다는 본인들 주장과는 달리, 혼전순결을 지켜야 하는 선교회 교리를 지키지 않고 자유분방하게 성적자기결정권을 행사하여 왔다.

변호인 측은 검찰에게 고소인들의 일방적인 진술이 아닌 객관적인 증거와 자료로 반박하라고 일침을 날렸다. 그리고 만민중앙교회와 구원파 사건과 유사하다고 주장하는 검찰에게, 변호인단의 어느 변호사는 "내가 구원파 사건을 수사했던 담당 검사였는데, 그 사건과 이 사건은 완전히 다르며 검찰의 주장에 대해 반박 의견서를 제출하겠다"라고 했다.

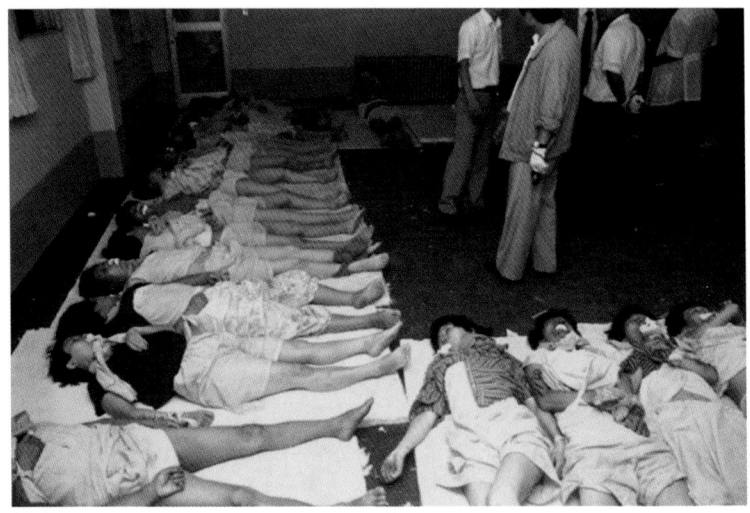

오대양 집단 자살사건

▢ 죽으면, 죽으리라!
호주 고소인 B에 관련된 변호인 측 증인 출석

1심 재판부는 피고인 측 증인의 신문에 물리적으로 충분한 신문이 불가능할 시간을 배정하고, 시간이 다 되면 신문을 강제로 중단하겠다고 하였다. 심지어 검찰은 증인으로 서야 할 참고인들을 방조범으로 만들어서 구속하고 고소인에게 불리한 증언은 전부 위증으로 기소하니 누가 감히 증인으로 설 수 있었겠는가?

정명석 목사는 제자들이 증인으로 서는 것을 염려했고, 변호인들에게 증인을 세우는 것은 지양해달라고 요청했다고 한다. 그러나 위험을 무릅쓰고서라도 사건의 진실을 드러내고 스승의 억울함을 풀고자 증인으로 나선 교인이 있었다.

증인 W는 호주 고소인 B가 수사 과정에서 직접 언급한 인물이기도 하고, 실제로도 고소인 B를 잘 알고 있는 인물이라고 했다.

증인 W의 신문에 앞서 변호인은 고소인 B와 관련한 자료와 함께 녹음 파일에 관련된 증거자료들도 제출했는데 방청석에서 언뜻 봐도 그 양이 상당해 보였다.

호주 고소인 B씨에 대한 W의 증인신문은 비공개로 진행되었고, 신문은 오전에 다 끝나지 않아서 오후까지 이어졌다.

☐ 검사 측, 기습적인 추가 서류 제출

W의 신문이 종료된 후에는 녹취파일과 관련하여 국과수 감정인과 대검찰청 포렌식 감정인, 그 외에 별도로 검찰에서 부른 포렌식 전문가가 증인으로 출석했다.

그런데 이 녹취파일에 관하여서도 황당한 일들이 있었다. 그 중에 한 가지가, 오전 재판 때 검사 측에서 대검찰청 포렌식 감정의견서라면서 기존에 제출되었던 것과는 별도의 서류를 갑자기 제출한 것이었다.

오후 재판을 통해 알게된 사실이지만 갑자기 제출된 이 의견서에는 홍콩 고소인 A가 제출한 녹취파일이 '파일구조'가 상이한 이유에 대해 '왓츠앱'이라는 메신저 어플을 통해서 전송했을 때 나오는 현상임을 설명하는 의견서였다.

☐ 국과수 감정인 증인신문

녹취파일 관련 증인 중에 가장 먼저 신문을 한 것은 국과수 감정인이었다.

검사 측은 자신들이 기습적으로 준비한 대검찰청 감정인 의견서를 바탕으로, 녹취파일의 구조가 일반적으로 아이폰으로 녹음했을 때 생성되는 파일과 구조가 다른 이유는 '왓츠앱'을 거쳐간 파일이기 때문이라고 주장했다.

그러나 1심을 포함해서, 여태까지 이 사건 재판에서 검사가 녹취파일의 입수 경로에 대해 '왓츠앱'을 얘기한 적은 이번이 처음이었다. 그래서 변호인들은 모두 황당하다는 반응이었고, 저자가 봤을 때도 이건 또 무슨 경우인가 싶었다.

검찰 측은 이미 1심 때 의견서를 통해 설명했던 내용이라고 주장했다. 그러나 지금까지 취재해온 저자도 이날 검찰의 주장 논리는 처음 접하는 내용이었고, 현장녹음 파일이 '왓츠앱'을 거쳐 수사기관에 제출된 것이라는 내용은 1심 판결문에도 전혀 언급된 바가 없는 내용이었다. 항소심이 거의 끝나갈 무렵인 이번 재판에서 처음 등장한 검찰의 '왓츠앱' 주장은 누가봐도 억지스러운 변명으로 보였을 것이다.

한편, 해당 의견서에는 '변호인들은 녹취파일이 조작이라고 하면서 어느 부분이 어떻게 조작인지도 구체적으로 얘기하지 못하고 있다.'라고 얘기하는데, 당시에는 녹취파일의 등사조차 허용해주지 않아서 감정할 수 없도록 만들어 놓고 어떻게

'편집 과정을 설명했어야 한다'고 하는 것인가?

이러니 어찌 불공평한 재판이라 하지 않을 수 있겠는가!

그리고 또 이번 재판에 관련하여 취재하면서 알게 된 것인데, 홍콩 고소인 A는 녹취파일을 두 가지 경로로 제출했다. 하나는 고소인에게 외장하드를 통해 녹음파일을 건네 받은 변호사가 해당 파일을 이메일로 보냈고, 또 하나는 본인이 경찰 조사를 받으러 갔을 때 에어드롭을 통해서 임의 제출한 것이었다.

이 문제의 경찰은 국과수에 녹취파일의 감정의뢰서를 작성할 때, 고소인 A가 에어드롭으로 제출한 파일을 의뢰한다고 했다. 그러나 판결문에는 국과수에서 감정한 파일이 A의 변호인이메일로 제출한 파일이라고 적시되어 있었다.

즉, 문제의 경찰이 압수 조서를 허위로 작성했다는 것 외에도 감정의뢰서까지 허위로 작성한 것이었다.

이쯤 해서 저자는 2인자 김지선과 고소인들의 배후에 있는 K 뿐만 아니라, 이 경찰도 굉장히 수상하다는 것을 많이 느꼈다.

민중의 지팡이라는 경찰로서 도저히 할 수 없는 짓이었다.

도대체 대한민국의 사법 정의는 어디로 갔는가? 불현듯 최근에 이슈가 된 '동탄 경찰서 성범죄 무고' 사건이 떠올랐다.

어쨌든, 검사 측의 새로운 주장은 다음과 같았다.

① 사건 당시, 홍콩 고소인 A는 자신의 동성연인에게 왓츠앱으로 녹취파일을 전송했다.

② 이후, 고소인 A의 동성연인은 녹취파일을 외장하드에 담아서 돌려줬다.

③ 이렇게 받은 녹취파일을, 고소인 A의 변호인이 파일압축하여 경찰에게 이메일로 전송하여 제출했다.

④ 국과수에서 감정한 증거물은 위의 경로로 경찰이 압수(임의제출)한 녹취파일이다.

그리고 검찰이 새로 낸 대검찰청 포렌식 의견서에 보면, 해당 녹취파일을 왓츠앱을 통해 전송해서 다운을 받고 파일구조를 살펴보니, 국과수 감정서에 나와 있는 것과 똑같은 파일구조가 되었다고 설명했다.

이를 통해, 검사는 해당 파일이 왓츠앱으로 전송하기 전/후로 똑같다는 것이 입증되지 않냐고 질문했다.**(날짜 및 시간 데이터도 동일하다고 함.)**

그러나 국과수 감정인은 파일구조나 날짜 시간 등은 조작이 가능하고, 그나마 조작하기가 좀 까다로운 것은 'mdat'이라는 폴더 안에 '오디오 압축 데이터'가 있는데 이것까지 완전히 똑같으면 왓츠앱으로 전송하기 전/후의 파일이 동일한 파일이라고 볼 수 있을 '여지'가 있다고 대답했다.

"확답하지 못하는 이유는 'mdat' 안에 있는 '오디오 압축 데이터'도 조작하기가 까다로울 뿐이지, 불가능한 것은 아니기 때문"이라고 하였다.

이후 진행된 변호인의 신문에서는 딱 봐도 준비를 많이 해온 티가 났다. 가장 먼저 신문에 나선 변호인은 '미디어 인포', '어도비 오디션' 등 국과수 감정에 사용된 프로그램을 직접 시연하면서 신문하였다. 그리고 국과수 감정인이 작성한 논문까지 찾아서, 해당 논문의 내용을 인용하며 신문하기도 했다.

저자는 어떻게 감정인의 논문을 찾아서 신문에 활용할 생각을 했을까, 정말로 좋은 '기책(奇策)'이라고 생각했다. 자기가 쓴 논문인데 어떻게 그 논문의 내용을 아니라고 할 수 있겠는가?

그런데 한 가지 아쉬웠던 것은 주고받는 내용이 너무 전문적이고 어렵다 보니까, 질문하는 변호인과 대답하는 증인 외에는 문답의 내용을 재판 법정 안에 있던 그 누구도 따라가지 못했다는 것이었다. 저자도 'beam' 폴더가 어쩌고, 'bps'가 어떻고, 뭐… 용어 자체가 생소하다 보니까 아예 이해하기가 어려웠다.

또 한 가지 아쉬운 것은 이번 재판을 앞두고 며칠 전에 새롭게 선임된 변호사들이 있었는데 녹취파일의 쟁점을 잘 이해하지 못했는지 검사가 주장하는 것과는 전혀 다른 전제로 계속 엉뚱한 질문을 하는 바람에 재판장이 여러 차례 제지하는 해프닝도 있었다.

이렇게 이어진 증인신문은 국과수 감정인 한 명만을 놓고도 4시간이 훌쩍 넘게 이어졌다.

결국 남은 두 명의 증인(**대검찰청 포렌식 감정인, 검사 측의 포렌식 전문가**)은 신문을 못하고 다음 기일인 8월 22일로 넘어가게 되었다.

☐ 선 넘은 검사의 변론 종결 요구

국과수 감정인의 신문이 끝나고, 재판부는 오늘 재판으로 변론을 종결하기란 실질적으로 어렵기 때문에 다음 기일을 잡겠다고 하였다. 그러자 검사 3명 모두가 일제히 벌떡 일어나서 재판부에 강하게 "오늘 중으로 결심을 하자"는 이의를 제기했다.

이에 몇몇 신도들은 검사들의 행동에 흥분하여 참지 못하고 "존경하는 재판장님! 드리고 싶은 말씀이 있습니다!"라고 재판부에 발언을 요청하기도 했다.

물론 재판장은 발언할 권한이 없다면서 단칼에 기각했다.
하지만 자리에서 검사들의 도를 지나친 행태를 지켜본 저자는 교인들의 마음이 충분히 이해됐다.

검 사 : 재판장님! 분명히 지난 재판에서 오늘 변론 종결한다고 했잖아요!

재판장 : 그렇게 얘기했지만, 현실적으로 오늘 변론 종결하는 것은 불가능합니다. 새롭게 제출된 증거도 너무 많고, 아직 증인신문도 다 안 끝나지 않았습니까?

검　사 : 오늘 끝낸다고 했으면 끝내셔야죠!

재판장 : 아니, 상황이 오늘 변론 종결이 불가능한 상황이지 않습니까? 그러면 증거조사도 안 하고, 신문도 안 하고 그냥 이렇게 변론 종결합니까?

검　사 : 그러면 오늘 밤 11시까지라도 재판을 해서 끝내시지요. 1심 때는 밤 11시까지도 재판했었습니다. 증인신문은 최대한 짧게 30분에 끝내겠습니다.

재판장 : (기가 차서 헛웃음) 그러면 검사가 주장하는 대로 재판을 끝내야 하니까 여기에 있는 법원 직원들도 밤 11시까지 남겨서 일을 시켜야 합니까? 요즘 대법원에 노동법 관련해서 민원이 많이 들어가고 있는데, 이거 노동법 위반입니다.

검　사 : 오늘 밤 11시까지 재판해서 변론 종결하는 게 어렵다면 당장 내일 재판 하시지요. 아니면 모레도 좋습니다.

(방청객들 모두 이건 대체 무슨 경우인가 하고 술렁거림)

재판장 : (또 다시 헛웃음) 당장 내일, 모레 비는 재판정이 있는지도 모르는데 여기에서 막무가내로 결정할 수는 없고, 현실적으로 어려운 얘기입니다.

검 사 : 그러면 구속기간이 만료되어서 피고인이 풀려날 수 있는데, 증거인멸하고 도주할 우려가 있습니다! 아니면 8월 첫째주나 둘째주에 바로 재판하시죠!

재판장 : 그때는 휴정기도 끼어있고, 여름휴가 일정이 잡혀있는 사람들도 많아서 그때 잡기도 현실적으로 어렵습니다. 광복절이 있는 주는 이미 비어있는 재판정이 없습니다.

지금 추가 기소된 건도 있으니까, 그 사건에서 구속영장을 새로 청구할 수도 있지 않습니까?

검 사 : 그건 구속이 될 지 안 될지도 모르고…

> **재판장** : 검사, 그만하세요. 재판 진행은 재판부의 권한입니다.

요약/정리된 위의 대화 내용을 보면 알 수 있겠지만, 검사는 '밤 11시까지 재판하자.', '아니면 당장 내일 하자.', '내일이나 모레 안 되면, 다음 주에 재판하자.' 등 다소 황당하고 억지스러운 주장을 하면서 재판부에게 거세게 항의했다.

그러나 현실적으로 받아들여지기 어려운 주장이었고, 다음 재판 기일은 정명석 목사의 구속 만기일(8월 15일)이 지난 8월 22일에 하기로 했다. 그리고 이날 재판이 마무리되지 않으면 8월 27일에도 재판하는 것으로 정해졌다.

저자는 혹시라도 항소심 재판이 이렇게 '싸다가 만 똥'처럼 끊겨서 졸속으로 끝나는 것인가 걱정했었는데, 재판부는 확실히 1심과는 다르게 공정하게 재판을 진행하고 있다는 생각이 들었다.

▢ 재판부, 변호인 측 주장은 항거불능 탄핵 안돼

재판을 마무리하면서, 재판장은 현재 변호인들이 주장하고 있는 방향은 고소인들의 거짓을 밝혀서 진술의 신빙성은 떨어뜨릴 수 있을지는 모르겠으나, 이렇게 해서는 '항거불능'을 깰 수는 없다고 말했다.

'메시아', 혹은 '메시아가 아니다.'라고 하는 것과는 상관없이, 존경받는 교수나 유명한 기업 회장들도 범죄를 저지르지 않는가!

피고인도 어찌 됐든 간에 해당 종교단체의 총재로서, 굉장히 높은 지위에 있었던 것은 부인할 수 없는 사실이다. 그리고 고소인들은 일반 신도로서, 매우 높은 지위에 있는 피고인이 말하면 심리적인 부담감에 항거불능 상태에 놓일 수 있다.

이 얘기를 듣고, 저자는 딱 이런 느낌이 왔다.

아하! 이제 고소인들이 거짓말 많이 한 것도 충분히 알겠고, 교리에 대한 것도 됐으니까, '지위'에 의한 항거불능을 반박하라는 뜻이구나!

재판부가 제시하는 마지막 숙제를 놓고 변호인들이 과연 어떤 증거를 준비하고 8월 22일 마지막 변론을 펼쳐 나갈지, 그 귀추가 주목됐다.

증거재판주의를 강조하는 교인

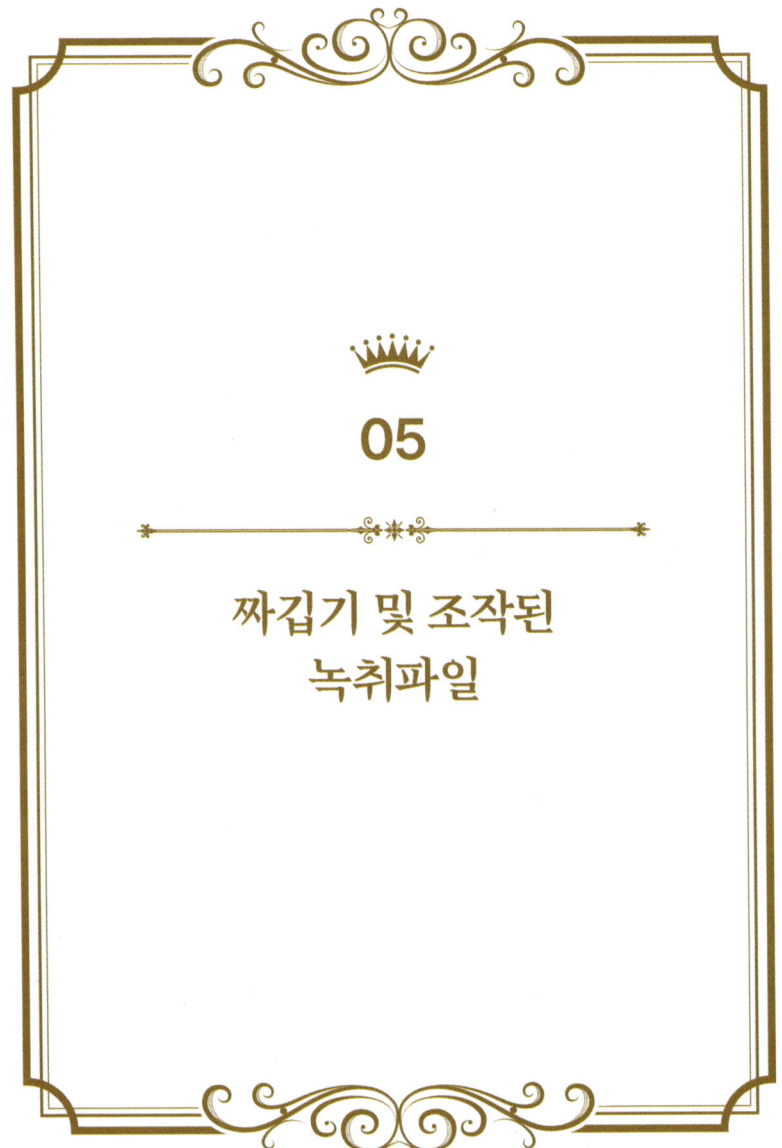

05

짜깁기 및 조작된 녹취파일

핵심 증거인 홍콩 고소인 A의 '녹취파일'

해당 녹취파일은 홍콩 고소인 A가 성피해 현장에서 녹음했다고 하는 핵심 증거물이다. 현재 정명석 목사 사건에 직접적인 성피해의 물증은 단 한 가지도 없고, 오직 이 '녹취파일' 뿐이다.

1. 녹취파일의 원본이 없다.
   - 고소를 작정하고 녹취했지만, 원본이라고 할 수 있는 당시 아이폰은 홍콩에서 현금거래로 판매했다고 함.

2. 고소인과 고소인의 변호사, 조사를 맡았던 경찰관이 녹취파일을 삭제했다.(증거인멸)
   - 고소인 A의 증인신문 때 녹취파일을 시연하기로 했는데, 당일 오전에 법정 출석 전에 투숙하던 모텔에서 녹취파일을 아이클라우드에서 다운받는 시연을 하다가 삭제했다고 함.
   - 이에 대해 고소인과 경찰관은 다수의 허위 진술을 함

3. 녹취파일을 삭제한 이후, 기존까지 일관됐던 녹취파일 입수 경위가 완전히 뒤바뀜

- **기   존** : 녹취했던 핸드폰은 팔았지만, 아이클라우드에
 남아있어서 지금까지 보존하고 있었음.
 경찰에 임의 제출할 때도 아이클라우드에서 다운
 받아서 에어드롭으로 제출했음.
- **삭제 후** : 원래부터 녹취파일은 아이클라우드가 아니라 고
 소인의 아이폰에 있었음.
 녹취 당시 고소인이 자신의 동성 연인에게 '왓츠
 앱'이라는 어플로 이를 보냈고, 동성연인이 외장
 하드에 담아서 돌려줬다고 함.
 고소인은 이를 핸드폰에 넣고 있다가, 경찰에 에
 어드롭으로 임의 제출했다고 함.

4. 경찰은 자신의 착각으로 압수조서를 허위로 작성했다고
 함.

5. 고소인 측은 녹취파일 등사가 허용되기 전까지는 얼마든
 지 정밀감정을 하자고 하였으나, 등사되고 난 이후에는 고
 소인이 직접 재판부에 전화해서 "녹취파일이 등사되면 자
 신은 고소를 취하하겠다"라고까지 밝혔음.

6. 등사된 이후에 보니, 압수할 때 기록한 문서에 있는 것과

> 국과수 감정서에 기재된 해시값이 서로 달랐음.
>
> 7. 등사 이후, 녹취파일을 여러 전문 분석기관에 감정 의뢰하였는데, 전부 조작/편집 되었다는 결과가 나옴.
>
> 8. 속기 공증도 받았는데, 고소인이 제출한 속기록과 상당히 상이하고, 제3의 인물들 목소리도 들림.

그러나 앞서 얘기한 것처럼 이 녹취파일에는 수상한 점이 굉장히 많다. 지금까지 변론에서의 의문점들을 정리해봤다.

이제 녹취파일에 관련된 각 증거들의 상세한 자료들을 살펴보도록 하겠다. 본 책자에서 모든 자료를 다 보여주는 것은 제한적이지만 저자가 최대한 많은 내용을 첨부하도록 노력했다.

교인들이 찾아낸 녹취파일 조작의 증거

넷플릭스 '나는 신이다'가 방영된 이후, 선교회의 모든 교인이 충격과 혼란에 빠지게 되었다. 당시에는 2인자 김지선과 그 일당들이 버젓이 자리를 지키고 있었고, 당시 선교회 교단에서는 교인들에게 어떠한 설명도, 대응 지침도 주지 않았다고 한다.

이런 상황 속에서 몇몇 평신도인 교인들은 공개된 녹취파일을 수백 번씩 반복해서 들으면서 문제점을 발견해냈다.

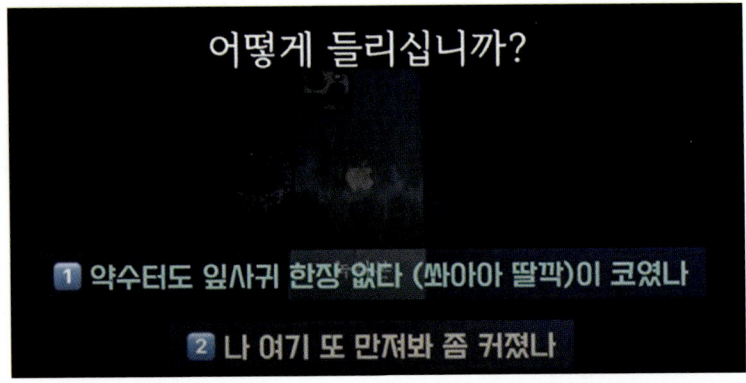

'나는 신이다'에 공개된 녹취 파일에서 소리와 자막이 불일치하는 부분

첫 번째는 넷플릭스 '나는 신이다'에서 "나 여기 또 만져봐 좀 커졌나."라고 나온 부분이 있는데, 자막을 보면서 들으면 잘 모르겠지만, 소리만 들어보면 확실히 이 말이 아니다.

소리만 들었을 때 들리는 말은 "약수터도 잎사귀 한 장 없다. 이 코였나."라는 대사로, 고소인이 정명석 목사와 함께 약수터에 있었을 때 녹음한 대사를 합성한 것으로 보인다. 해당 대사를 잘 들어보면 '쏴아아' 하는 물소리와 함께 '딸칵!' 하고 레버가 올라가는 소리도 들린다.

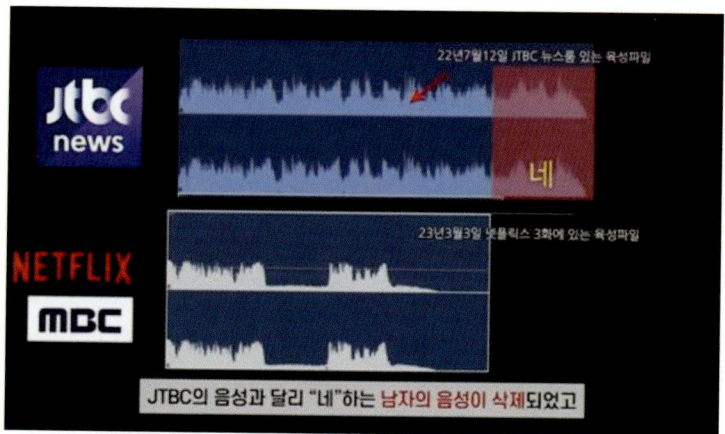

JTBC와 '나는 신이다'에서 공개된 녹취파일의 차이점

　두 번째는 넷플릭스 '나는 신이다'와 JTBC에서 똑같은 대목이 나왔는데, 소리가 다르다는 것이었다. 정확히는 그림에서 보는 것과 같이 JTBC에서 공개한 음성에서는 정명석 목사가 묻는 질문에 고소인 A가 아닌 제3의 남성이 대답하는 소리가 들렸다. 그런데 '나는 신이다'에서는 '네.'하고 대답하는 남성의 목소리가 사라지고 여자 신음 소리가 추가된 것이었다.

　저자도 들어봤는데, 처음에는 잘 안 들렸으나 조용한 곳에서 온 신경을 집중해서 들어보니 분명히 교인들이 지적한 부분들이 전부 사실이었다. 확실했다!

　하지만 정명석 목사의 소리가 워낙 작게 녹음되고, 뭐라고 말하는지 소리를 뭉개놔서 잘 알아들을 수가 없었다. 이 조악한 음질에서 도대체 문제점을 발견한 교인들은 어떻게 찾아낼 수 있었을까?

이들은 정명석 목사가 그런 범행을 저질렀을 리가 만무하다는 절대 믿음을 가지고, 지금 선교회에 닥친 이 문제를 해결하고 싶다는 간절함이 있었기 때문에 가능했다고 말했다.

참고로, 그냥 청취해도 다르다는 것을 알 수 있는 이 부분에 대해서 고소인 A는 자신이 직접 다 들어봤는데 "똑같다."라고 대답했다. 명백한 거짓 진술이다.

정명석 목사 재판 억울함을 알리는 LED 홍보 차량

교인들은 녹취파일의 문제점을 놓고 어떻게 해서든지 세상에 알리려고 안간힘을 썼다. 1인 시위에서부터, 전단지 나눠주기, LED 트럭을 동원한 홍보 방식까지…

정말 처절한 몸부림이었다.

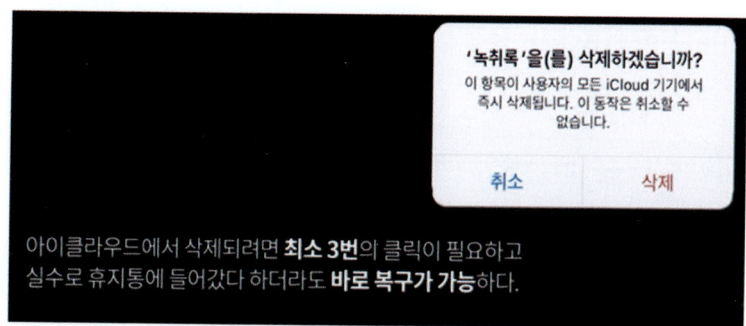

녹취파일 삭제 관련하여 제작된 유튜브 영상

또한 어떤 교인은 고소인 A와 이 사건을 조사했던 경찰관, 고소인의 변호사가 증인신문 당일 모텔방에서 녹취파일을 실수로 삭제했다는 얘기를 듣고, 이는 절대로 실수가 될 수 없다는 것을 콕 꼬집어서 알리기도 했다.

평신도인 교인들이 제작한 이러한 영상은 변호인들이 법정에서 재생하기도 했는데, 마침 검찰의 기습적인 증인 신청에 의해 신문을 받게 된 해당 경찰 조 모씨는 영상을 보고 크게 당황했다고 한다.

또한 고소인 A와 경찰 조 모씨는 녹취파일을 삭제한 후 법정에서 아래와 같은 허위진술을 했다.(해당 진술들은 아이폰 및 아이클라우드의 기능상 불가능하기에, 명백한 거짓말이다.)

1. 변호사의 아이패드에서 고소인 A의 아이클라우드 계정을 로그아웃하고 아이패드에서 녹취파일을 삭제했더니, 변호사의 아이패드와 고소인 A의 아이폰이 동기화 되어 있어서 고소인 A의 아이폰에 있던 녹취파일까지 함께 삭제됐다.

☞ 고소인 A의 아이클라우드를 로그아웃 했는데도, 변호사의 아이패드와 고소인 A의 아이폰이 연동되어 있어서, 고소인 A의 아이폰 내장메모리에 저장되어 있던 녹취파일이 삭제된다는 것은 애플 기기의 기능상 불가능함.

2. "실수로 삭제했더라도 휴지통에 들어가서 또 지울 필요는 없지 않냐?"라는 질문에, 휴지통에 들어가서 지운 것이 아니라 아이패드 화면에서 지울 때 '삭제하기'를 누르면 '완전삭제' 또는 '휴지통에서 삭제하기' 버튼이 나와서 그것을 눌러서 휴지통에서까지 복구될 수 없도록 완전삭제했다고 함.

☞ 아이패드, 아이클라우드 모두 휴지통에 들어가지 않고 화면에서 '삭제하기'를 눌렀을 때 '완전삭제' 또는 '휴지통에서 삭제하기'의 버튼은 나오지 않음.(이런 기능 없음.)

> 3. 고소인에게서 녹취파일을 압수할 때 22년 4월 13일 경찰 조사 당시 '에어드롭'을 통해 임의제출 받았다고 했는데, 녹취파일의 속성정보 '수정날짜'는 22년 3월 2일 새벽 2시로 되어 있음.

☞ '에어드롭'을 통해서 파일을 전송하면 파일 속성정보의 '수정날짜'가 에어드롭을 한 시점으로 바뀌게 됨.

이렇게 고소인 A와 경찰 조 모씨가 뻔뻔하게 거짓말을 일삼고 있는데, 담당 검사들은 자기 눈앞에서 벌어지는 위증 및 증거인멸의 범죄에 대해 아무런 조치도 하지 않았다.

1심 재판부도 이런 부분의 의혹에 대해 전혀 고려하지 않고, 23년이라는 어마어마한 극형을 선고했다.

녹취파일 등사 이후 변호인이 받은 공증 속기록

위에서 정명석 목사의 실제 목소리와 넷플릭스 '나는 신이다'에서 달아놓은 자막이 확연히 다른 부분이 있다고 말했다.

그런데 공교롭게도 '나는 신이다'에 나오는 녹취파일의 자막은 고소인이 제출한 속기록과 100% 일치한다.

1심에서 녹취파일이 등사되지 않았을 때는 변호인 입장에서는 피고인의 방어권을 정당하게 행사할 수가 없었다. 하지만 2심에서 등사가 된 이후, 변호인단은 녹취파일을 속기사무소에서 공증받았다.

공증을 맡은 속기사는 이 조악한 음질의 녹취파일을 새벽에 일어나서 아무 소음도 없을 때 집중해서 몇 날 며칠을 들었다고 하는데, 이렇게 공증된 변호인의 속기록은 고소인이 제출한 속기록과 완전히 달랐다.

가령 고소인이 제출한 속기록에서는 "… 육적 관계를 해야 사람이 정 주고 사랑을 …."이라는 부분이 변호인단의 속기록에서는 "정신적인 사랑을 몰라, 육적 관계를 해야 사랑하는 것이 아니고, 정신적인 사랑을 하는 게 사랑하는 거란 말이야."라고 나타나 있는 식이다.

위에서 교인들이 밝혀낸 "약수터도 잎사귀 한 장 없다."에 대해서도 변호인이 제출한 속기록에도 동일하게 적혀 있는 것으로 확인되었다.

그리고 변호인이 제출한 속기록에서는 1분도 안 되는 짧은 시간 동안에 대화 주제가 4번이 바뀌는 등 대화의 흐름이 어색한 부분이 굉장히 많았다. 또한 앞에서는 덥다고 하다가 갑자기 뒤에서는 또 춥다고 하거나, 대화 도중에 갑자기 정명석 목사가 잠자거나 한창 대화를 하는 도중에 뜬금없이 '잘 잤다.'라고 말하기도 했다.

이뿐만 아니라, 더욱 충격적인 것은 위에서 교인들이 밝혀낸 것처럼 정명석 목사가 아닌 제3의 남성 목소리가 나온다는 것이었다. 교인들이 밝혀낸 부분은 물론이고, 녹취파일의 맨 마지막 부분을 들으면 누가 들어도 확연하게 정명석 목사가 아닌 남성이 "어으, 진짜!"라고 말하는 것이 녹음되어 있다는데… 아무래도 녹취파일을 조작/편집하면서 들어가야 하지 말아야 할 스태프의 목소리가 섞여 들어간 것이 아닌가 싶다.

저자의 생각에는, 녹취파일의 조작/편집에 이번 사건과 직접적으로 이해관계가 연결되어있는 넷플릭스 '나는 신이다'의 제작진(MBC 소속)이 관련되어 있을 듯싶다.

마지막으로 변호인이 제출한 속기록에는 배경음도 표기가 되어 있는데, 방에서는 들릴 수 없는 '물로 뭔가를 씻어 내리는 소리', '동굴 등의 좁은 공간에서 울리는 소리' 등이 들리는 것으로 표기되어 있기도 하다.

한국포렌식 연구소의 해시값 분석

변호인의 말에 의하면, 수사 기록의 압수 조서에 기재된 해시값과 국과수 감정서에 기재된 해시값이 서로 다른 방식으로 산출된 것이어서, 실제적으로 이것들이 동일한지 여부를 확인할 수 없었다고 했다. **(압수조서에는 SHA-256 방식으로, 국과수 감정서에는 MD-5 방식으로 해시값이 산출되어 있음.)**

그리고 검찰 측은 고소인 A가 제출한 녹취파일이 삭제되었을 때, 변호인이 제출한 녹취파일이 있고 해시값이 같기 때문에 재판에는 전혀 지장이 없다고 주장했었다.

하지만 이번에 녹취파일의 등사가 허용되고 나서, 변호인이 해시값을 분석 기관에 의뢰하여 SHA-256, MD-5 두 가지 방식으로 모두 산출해봤다. 그러자 또 황당한 결과가 나왔다.

등사된 녹취파일의 해시값이 국과수 감정서에 기재된 것과는 동일하게 나왔지만, 압수 조서의 전자정보 상세 목록에 기재된 것과는 다르게 나온 것이다.

참고로, 문제의 경찰관이 국과수에 녹취파일 감정을 의뢰할 때 보낸 문서를 보면, 변호인이 제출한 파일을 의뢰한 것이 아니라 고소인 A가 제출한 파일을 의뢰한 것으로 되어 있다.
즉, 경찰이 국과수에 감정을 의뢰한 문서도 허위로 작성했다는 뜻이다.

또한 검찰이 주장했던 것과는 달리 변호인이 제출한 녹취파일과 고소인이 제출한 녹취파일의 해시값이 다르다는 것인데, 이 말은 두 파일의 동일성이 입증되지 않는다는 의미이다.

USA Forensics.llc 의 녹취파일 감정 결과

변호인단은 국내뿐만 아니라, 해외 유수의 감정업체에도 녹취파일의 감정을 의뢰했다. 그 중에 하나가 USA Forensics.
美 국방부, 지방법원, 법무부와도 기술 계약이 체결되어있는 전문적인 업체였다.

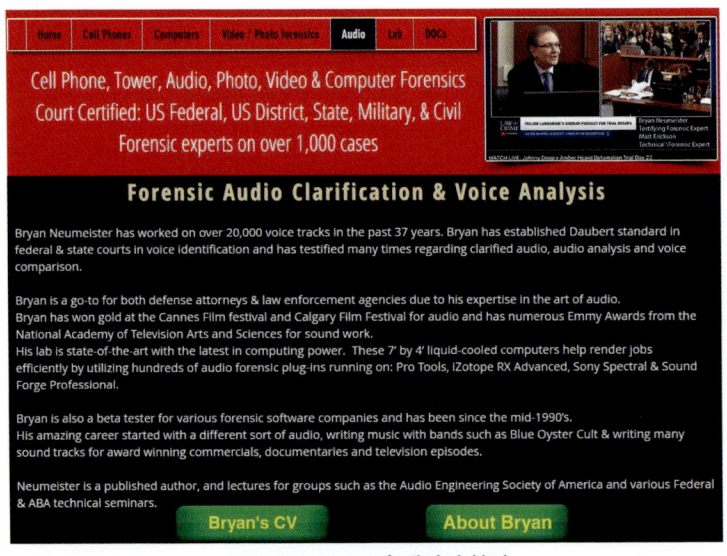

USA Forensics 홈페이지 화면

몇 가지 포렌식 과정을 소개하자면, 첫 번째로는 파일을 16진수 편집기를 통해 실행하여 보고된 파일 출처의 기준에 맞는지 확인하였다. 고소인 A가 주장하는 대로 아이폰의 '음성 메모(Voice Memos)'로 녹음되었다고 한다면, 위 사진의 오른쪽에

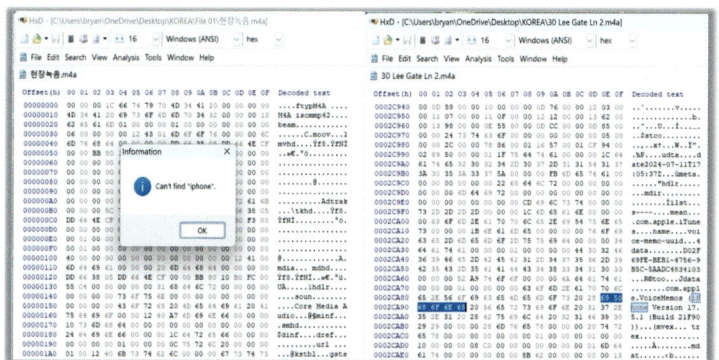

녹취파일의 출처를 확인하는 프로그램 화면

보는 것처럼 해당 16진수 데이터에 아이폰 운영 체제(OS) 버전이 16진수 데이터에 나타나야 한다. 그러나 왼쪽을 보면, 고소인이 제출한 녹취파일은 아이폰 운영 체제 버전에 대한 정보를 찾을 수 없다고 나온다.

이 결과가 의미하는 바가 무엇인가?

간단하고 명확하다. 고소인의 주장과 다르게, 이 녹취파일은 아이폰의 음성 메모를 통해서 녹음되지 않았다는 것이다.

감정서에 의하면, 해당 녹취파일은 손실 압축되어 있고, 원래대로라면 아이폰 11에서는 손실 압축 모드로 녹음될 때 경우에는 주파수가 16kHz에서 강제 차단된다고 한다.**(손실압축 : 데이터를 손실시켜서 압축하여 저장될 때 용량을 줄임)**

짜깁기 및 조작된 녹취파일 | 267

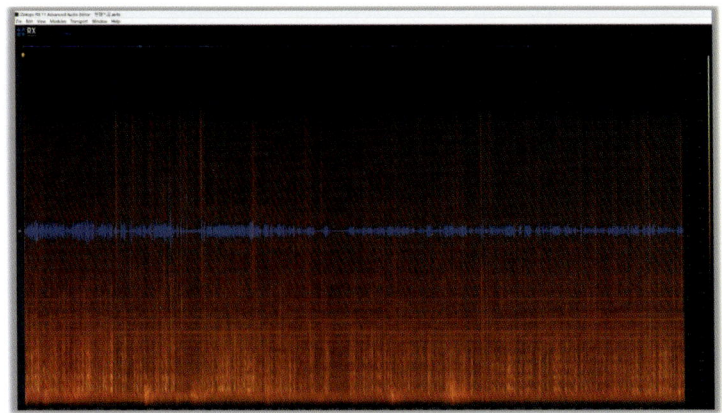

녹취파일의 주파수 분석 그래프

그런데 해당 녹취파일은 약간의 여유 공간이 있지만, 15kHz에서 강제 차단되고 있는 모습을 보여준다. 만약 이 파일이 아이폰에서 손실 압축 모드로 녹음되었다면, 위에서 설명했던 것처럼 16kHz에서 강제 차단되었을 것이다.

사진이 작아서 잘 보이지 않을 텐데, 다음 장에 확대해서 표시해놓겠다.

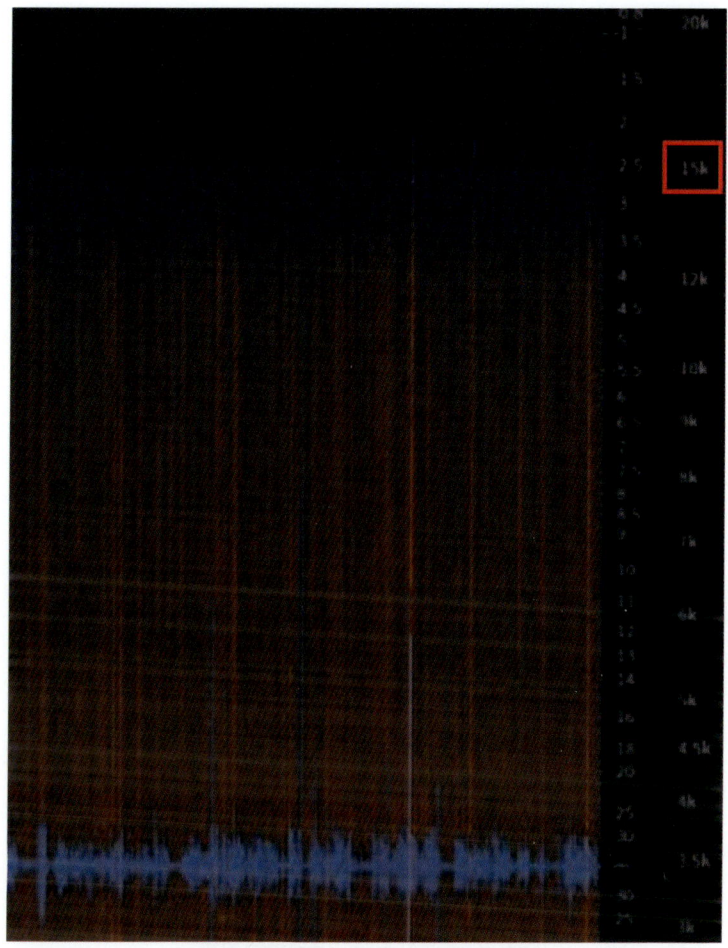

앞장 그래프의 세로 축을 확대한 화면
(녹취파일의 주파수가 15kHz에서 차단)

위 사진은 앞장에 나온 사진의 세로축을 확대한 것인데, 주파수가 15kHz까지 나와 있고 그 이상은 차단되어있는 모습을 볼 수 있다.

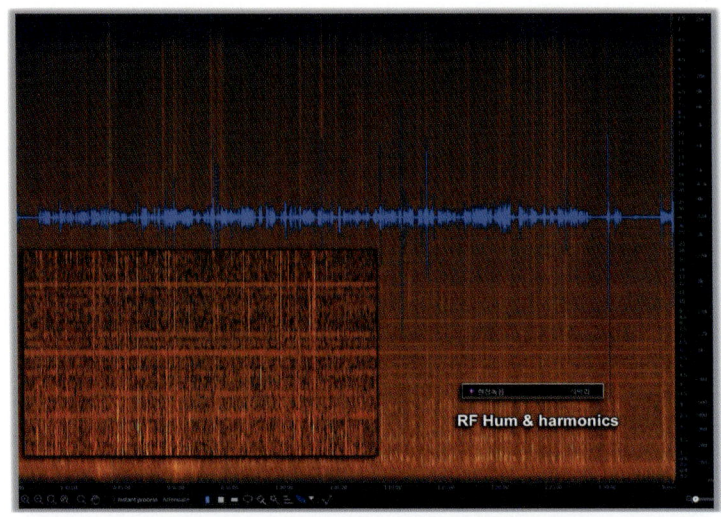

RF 또는 전자기파 간섭 현상을 나타내는 그래프

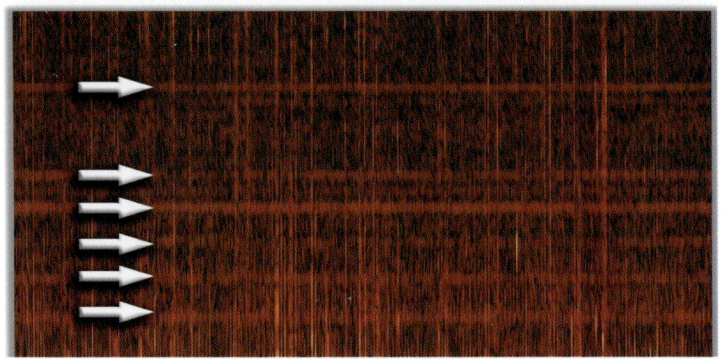

위 그래프에서 확대하여 살펴본 화면

다음으로, 감정서에서는 이 녹취파일에 눈에 띄는 RF(라디오 주파수) 허밍 또는 전자기 간섭 문제가 있다고 밝히고 있다. **(여기서 간섭이란, 파동이 겹쳐질 때 중첩/상쇄를 일으켜서 나타나는 현상을 말한다.)**

자료의 사진에서 보는 것과 같이, 파일 전체에 걸쳐 RF 수평 밴딩이 존재하는 것을 확인할 수 있다.

감정서에서는 대한민국은 240볼트 60Hz 교류 전기를 사용하는데, 제출받은 녹취파일에서는 대한민국 60Hz의 정확히 5배에 달하는 13차 고조파 검출되었다고 말했다.

이로 인해, 감정인은 다음과 같은 몇 가지 의혹을 제기했다.

---

① 이 오디오 파일이 컴퓨터와 같은 AC 전원 장치로 내보내진 적이 있는가?

② 이 녹음 장치를 강한 RF(무선 라디오 주파수) 소스 근처에 놓은 적이 있었는가? (참고로, 아이폰은 RF로부터 잘 차폐되어 있다고 함)

③ 이 녹음 장치 근처에 전자기 간섭을 일으키는 장비가 있었는가?

④ 이 녹음이 이루어진 곳 근처에 방송 안테나, 아마추어 무선, 또는 마이크로파 송신기가 있었는가? 이는 허밍의 주파수와 고조파를 고려할 때 가능성이 낮다고 함.

혹자는 이를 놓고 무슨 터무니없는 소리냐고 할지도 모르겠다. 하지만 저자는 이 부분의 감정 결과를 보자마자 '방송국'이 떠올랐다.

무선 라디오 주파수와 각종 전자기파들이 녹음환경에 영향을 미칠 수 있는 장소! 그리고 공교롭게도, 마침 이번 정명석 목사 사건에는 넷플릭스 '나는 신이다' 제작사인 MBC의 이해관계가 매우 밀접하게 연관되어 있다.

해당 감정서에는 더 많은 프로그램을 통한 분석 결과가 나와 있었는데, 관련 분야의 전문가가 아닌 저자가 모든 내용을 이해하기는 조금 어려웠다. 그래도 이 정도만 보더라도, 해당 녹취파일에 뭔가 인위적인 편집이 가해졌다는 것쯤은 알 수 있을 것 같았다.

또한 본 도서에는 대표적으로 USA Forensics의 감정서 하나만 언급했지만, 국내의 다른 감정기관에서도 의뢰하는 곳마다 이건 순수하게 편집 없이 아이폰의 음성 메모를 통해 녹음된 파일이 될 수 없다는 결과가 나오고 있다.

이 '녹취파일'이 정말로 조작이라면, 이를 제출한 고소인 A

와 배후에 있는 김 모씨 등은 제 꾀에 제가 넘어가게 된 모양새가 아닌가 싶다.

사필귀정(事必歸正)이란 말이 있듯이,
반드시 이번 사건의 진실이 드러나기를, 그리고 널리 알려져서 정명석 목사의 억울함이 풀어지기를 소망한다.

편파 조작 방송을 규탄하는 교인들

녹취파일 삭제, 수사 문건을 허위로 작성한 경찰 규탄 현수막

시사저널

[류재복 칼럼]

"김도형 교수의 시사저널 인터뷰, 사실인가? 가짜인가?"

오는 8월 22일, 성폭행 및 강제추행 혐의로 1심에서 징역 23년을 선고받은 기독교복음선교회(JMS) 정명석 목사의 항소심 마지막 6차 재판인 결심(종료)재판이 있다. 필자는 이 사건의 재판을 3차때부터 계속 취재했고 5차까지 참석을 하면서 참관기를 써오고 있다.

지난 7월 25일 5차 재판에서는 재판부가 구속만기로 정 목사를 석방 후 불구속 재판문제를 꺼내자 검찰측은 완강히 반대를 했다. 그러나 필자의 의견으로는 대한민국 법으로 한다면 정 목사는 무조건 석방돼 불구속 재판을 받아야 한다.

그렇다면 정 목사도 일단은 가석방 상태로 재판을 받아야 한다. 항소심 구속기간(최대 6개월)만료일이 다가오기에 더 이상 정 목사를 수감 상태로 법정에 세울 수 없는 상황이 됐기 때문이다. 이렇듯 정 목사의 불구속 재판이 확실시되자 정 목사를 고소한 고소인측은 크게 반발하고 있다.

그런데 2심 재판부가 아닌 기타 다른 추가건으로 고소된 정 목사에 대하여 검찰이 구속영장을 신청, 어제 12일, 이와 관련된 구속영장실심사를 받았는데 오늘 대전지방법원 1심 재판부가 "도주의 우려가 있다"면서 영장을 발부하는 바람에 정 목사는 계속 해서 구속 상태로 현재의 2심재판과 추가 재판을 받게 됐다.

필자는 논리적이고 객관적인 견해에서 김 교수의 인터뷰를 분명히 보았을 JMS 교단측에 한마디 하고 싶다. 시사저널 인터뷰에서 취재기자인 김경수 기자가 "정 목사 측에서 피해자들에게 접촉을 시도하고 있다는 말이 들린다."는 질문에 김 교수는 "과거 15년 전 재판에서 정명석의 변호인들은 '합의를 위해 노력하고 있으니 시간을 달라'고 재판부에 요구하며 재판부가 선고를 연기한 적 있다. JMS 간부들이 피해자들의 집을 찾아다녔다." 면서 "구속만기일이 다가오며 또다시 이러한 일이 벌어질 조짐이 보인다. 얼마 전 정명석의 변호인 중 한 사람이 피해자 변호사를 찾아온 적이 있다. 그리고선 나를 만나게 해 달라고 부탁을 했다고 한다. 이제 이러한 만남의 요구가 점점 더

해질 것으로 보인다. 그만큼 피해자들의 고통은 더욱 커질 것이다. 이런 상황이 기가 막힐 뿐이다."라고 답을 했다. 이러한 내용을 김경수 기자와 김 교수가 정말로 사실로 나눈 대화라면 이 문제는 보통 문제가 아니다. 아주 심각한 문제라고 본다.

필자는 사실 정 목사 사건 항소심 재판에서 3차부터 5차까지 참관을 했다.
1심재판부는 유죄가 않되는 것을 증거로 하고, 또 피고인측이 신청한 증인들을 묵살한채 고소인 주장의 진술만을 증거로 판단, 한국 사법사상 그 흔적을 찾을 수 없는 23년의 중형을 때렸다.

그래서 2심인 항소심은 도대체 어떻게 하고있는가를 기자로서 심층 취재를 해 봤는데 2심 재판부 재판장인 김병식 부장판사는 아주 공명정대한 진정한 법관으로서의 재판을 진행하고 있었기에 그의 지론과 판단, 방식으로만 나간다면 23년이 '무죄'로도 가능하다는 생각을 필자는 갖고 있다.

(지면 상 전체 내용은 생략하고 실제 기사는 정경시사포커스 8월 13일자 [류재복 칼럼]을 보기 바람. 2024. 8. 13)

06

2인자 김지선의 음모와 배신

서울의 봄과 2인자

저자가 정명석 목사의 사건을 조사하고 있을 때, 2023년 11월에 개봉한 <서울의 봄>이란 영화를 보게 되었다. 한국 현대사에서 대한민국의 운명을 바꾼 1979년 12월 12일, 수도 서울에서 발생한 군사반란을 영화화한 것이다. 이 반란에 중추적인 역할을 했던 비밀 사조직 하나회는 친목회로 출발했지만, 군대 곳곳에 있으면서 각종 정보와 수뇌부를 장악했고 군 내부의 주도권을 장학한 후 제5공화국의 권력을 획득했다. 권력에 눈이 먼 전두광의 반란군과 이에 맞선 수도경비사령관 이태신을 비롯한 진압군 사이 목숨을 건 두 세력의 팽팽한 대립이 마치 정명석 목사의 재판을 보는 듯했다.

영화 '서울의 봄' 中 한장면

'2인자의 반란'이라고 하면 일반적으로 정치계를 먼저 떠올리는데, 종교계에서도 규모가 큰 교회나 교파에서 '2인자의 반란'을 벤치 마킹하여 돈과 권력을 장악하려고 한다는 것이다. 기독교복음선교회(세칭 JMS)도 예외는 아니었다. 정명석 목사가 성폭력 의혹으로 구속된 것에 대해서 정명석 목사는 1999년 - 2008년 - 현재까지도 무죄이며 선교회 내부에서 '2인자의 반란'이라는 주장을 펴는 제보자를 만났다. 선교회에서 이 일은 처음 있는 일이 아니었다. 1999년도엔 황양 납치 사건을 계기로 2인자였던 안 모씨가 정명석 목사는 사회적으로 흠이 났기에 자신이 계보를 이어야 한다고 했고, 2022년도에 김지선씨는 정명석 목사가 죄가 있으니 죄에 대한 책임을 져야 하고 자신이 역사의 계보를 이어 개혁을 해야 한다고 했다. 안 모씨는 선교회를 떠났지만, 김지선씨는 오랜 시간 동안 계획적으로 준비해 왔으며 현재 원심과 같은 징역 7년을 선고받고 복역 중이지만, 아직도 그녀를 추종하는 자들이 있다.

선교회 안에서 그녀의 영향력은 가히 놀라웠다. 정명석 목사가 10년의 옥고를 치를 때, 그를 대신하여 선교회 안에서 행한 일들이 많았다. 정명석 목사가 주일 말씀을 옥에서 자필로 작성하면 그 원고를 김지선이 교정했고 교정된 주일 말씀은 교단을 통해 전 세계 각 교회로 말씀이 전달되었다. 그녀는 또한 부흥강사로써, 전 세계를 돌며 성령 집회를 이끌었고 화려한 언변과 뜨겁게 기도하는 모습은 많은 사람을 감동시켰다. 이후 '복직된 하와' 타이틀까지 얻게 되어, 선교회 신도들의 표상자(롤모델)로 여겨지게 되었다. 또한 중국에서 의문의 폭력배들로부터 정명석 목사를 구한 사건도 있다고 하면서 선교회 내에서는 '영웅'처럼 되어 있었다.

하지만 정명석 목사가 10년 복역 중에도 김지선에 대한 이상한 소문들이 돌았고, 정명석 목사가 출소한 후 2018년부터는 김지선의 비리 정황들이 여러 곳에서 서서히 수면 위로 드러나기 시작했다.

김지선, 2인자로서의 행보들

2008년 과거 사건에서도 증인 출석을 거부하다

2008년도 재판에서 담당 변호사는 고소인들의 주장이 거짓임을 드러나 정명석 목사의 무죄를 확실히 할 수 있었던 핵심적인 증인으로 김지선에게 출석을 요구했다. 김지선은 2007년 당시, 중국 현지에서 정명석 목사의 선교 활동을 가까이서 보좌했었다. 피해자들이 주장하는 성폭행 사건이 일어났던 당시 그녀는 고소인들과 함께 있었기 때문이다. 그런데 여러 차례 기회가 있었지만, 아프다는 이유 등으로 끝내 증인으로 출석하지 않았다. 그녀는 왜 재판에 나타나지 않았을까?

김지선 "나는 1인자다" 스스로 자칭

김지선은 선교회에서 검증되지 않은 내용을 강의에 포함시키는 등 교리를 왜곡하고 자신을 중심으로 수정해서 본인을 우상화하기 시작했다. 마지막 40번째 강의에서 '복직된 하와'는 김지선을 지칭하는데, '정명석 목사의 시대는 끝났다'며, '내가 하나님의 역사를 이끌고 가는 주체다' 라는 것이다. 2021년도 8월 18일부터 시작된 10대들을 대상으로 한 '슈퍼스타예배'를 이끌며 단상에서 은밀하게 이 말씀을 가르쳤다. 모세(정명석

김지선이 중고등부에 가르친 도표
(도표 말미에 앞으로 김지선이 선교회를 이끌어 감을 부각)

목사)의 사명은 신광야 까지라며, 부활 역사에는 여호수아(김지선)가 2세대를 이끌고 가나안으로 가는 건 절대 예정이라며, 10대뿐 아니라 선교회 회원들을 세뇌시키며 가스라이팅했다.

김지선, 2022년 3월 12일
본색을 드러낸 전 세계 지도자 모임

　2022년 3월 3일, 3월 10일에 지역장과 목회자들에게 현재 선교회가 처해 있는 대외적 위기 상황에 대한 자세히 브리핑이 있었고, 3월 12일에는 전국 교역자, 부교역자 및 18기 신학생 기도회 모임을 가졌다.

　대외협력국장으로 있던 최 모씨의 브리핑으로 시작된 모임에서 넷플릭스 방송과 관련하여 진행 상황을 설명하고, 김지선이 정명석 목사와 의논하여 솔루션을 받아왔다고 했다.

　김지선은 울면서 본인은 막을 만큼 막았고 할 일은 다 했다며 정명석 목사의 문제를 은연중에 인정하며 드러냈다. 그리고는 "정명석 목사의 문제는 정명석 목사가 스스로 하나님과 풀어야 하기에 알아서 하시도록 놔두고, 우리들은 자랑스럽게 하나님 섭리역사를 펴 나가자!" 라고 말했다. 이에 자리에 모인 지도자들은 박수를 치고 환호성을 질렀다고 한다.

아니, 자기 선생을 죄 있다고 하는 발언을 듣고도 환호하며 박수를 치다니? 저자는 도저히 이해가 되지 않았지만, 당시에는 김지선이 이렇게 선교회와 정명석 목사를 배신한다는 것은 상상도 못 했었다고 한다.

이렇게 취재하다 보니, 저자는 문득 이런 생각이 들었다. '재판에서 검사가 정명석 목사가 신도들을 세뇌시켰다고 하지만, 실상 정말로 선교회 회원들을 세뇌시킨 것은 김지선이었구나!' 당시에 실질적으로 선교회를 운영하고 실권을 쥐고 있던 것은 그녀였기 때문이다.

참고로 이 부분은 정명석 목사의 고소인들도 한결같이 인정하고 있는 부분이다. 심지어 핵심 고소인인 홍콩인 A는 MBC와의 인터뷰에서 정명석 목사에 대해 "불쌍하다."라고 말했다. 왜냐하면 선교회 운영에 관련된 지도자들은 대부분 정명석 목사를 무시하고 김지선의 말을 따르기 때문이라고 하였고, 정명석 목사가 죽고 나면 선교회는 김지선의 왕국이 될 것이라고도 하였다.

이런 발언을 하고 있는 고소인들이 재판에서는 '정명석 목사의 말씀을 듣고 세뇌되어서, 항거불능에 빠졌다.'라고 주장하고 있다. 이게 과연 세뇌된 상태가 맞는 건가?

저자는 황당하기도 했고, 한편으로는 점점 퍼즐 조각이 맞춰지면서 진실에 가까워지고 있다는 생각이 들었다.

2022년 3월 12일. 이날의 모임에서 2인자였던 김지선은 정명석 목사가 하나님과 '쇼부'를 봐야 한다고 말하며, 깊은 기도에 들어가시기 때문에 앞으로 단상에서는 말씀 전하지 않으시고 말씀을 주시면 교역자들이 전할 것이라고 했다. 그리고 각종 섭리의 문화 및 제도를 변경하며 개혁해야 한다고 주장하며 자신의 야욕을 드러내기 시작했다.

이후, 김지선이 정명석 목사가 전해주는 각종 편지와 단상의 설교 말씀들을 본인의 입맛대로 조작했다는 충격적인 사실이 드러나기도 했다.

그 밖에도 월명동에 있는 정명석 목사의 주변을 전부 자기 사람들로 심어서 일거수일투족을 감시하기도 했고, 자신을 믿고 따르는 주변 교인들에게 뒤에서 정명석 목사에 대한 근거 없는 성추문이 사실이라면서 의혹을 확산시키기도 했다. 그러나 선교회의 신앙스타(천주교의 신부/수녀처럼 신앙을 위해 결혼하지 않기로 서약한 사람들)임에도 다수의 남성 신도와 이성 문제가 있었던 것은 오히려 김지선이었던 것까지도 드러났다. 심지어 김지선의 목표는 사실 자신만의 독립 교단을 만드는 것이었다는 증언까지도 나왔는데…

김지선의 쿠데타를 알게 된 정명석 목사의 심경은 어땠을까? 취재를 통해서 알게 된 것은, 정명석 목사도 김지선이 다른 마음을 품고 있다는 것에 대해서는 이미 어느 정도 눈치채고 있었다는 것이었다. 이는 구속되기 전에 몇몇 신도들과의 사석에서 "흰돌 교회에서 과연 몇 명이나 나를 믿고 따라올까?"라고 갑자기 묻는 질문이나 "사실 요즘 정조은(김지선) 목사가 신앙이 많이 안 좋다. 기도해달라." 얘기했다는 제보들을 통해서 알 수 있었다.

그러나 정명석 목사는 김지선이 다시 회심할 것이라고 믿고, 계속 기다려줬던 것으로 보인다. 안타깝게도 그 믿음은 결정적인 순간에 치명적인 배신으로 되돌아오게 되었지만 말이다. 이렇게 되기 전에 먼저 내칠 수는 없었나? 왜 이렇게까지 고난을 자초하는지… 답답하기도 하면서, 궁금하기도 하다.

이후 진행되는 음모들

2022년 3월 12일 이후로 김지선 일당은 정명석 목사를 함정에 빠뜨리기 위한 수많은 공작을 펼쳤다. 여기에는 이미 앞서 설명한 것처럼 1차, 2차 계속 구속되지 않는 정명석 목사를 구속시키기 위한 작전도 있었고, 정명석 목사가 모르게 정명석 목사의 성범죄를 인정하는 합의서를 작성하기도 했다.(해당 합의서에 대해서는 별도의 파트에서 자세히 다루겠다.)

2023년 초에는 김지선의 내연남이 구속된 정명석 목사에게 '남○○' 장로라고 가명을 써서 '핵전쟁이라도 나지 않는 한 무죄로 풀려날 일은 없으니, 지금이라도 모든 죄를 인정해라. 그러면 형량이 줄어들 것이다.'라고 협박 편지를 보내기도 했다.(이 충격적인 사실은 우체국 CCTV를 통해 확인되었다.)

이 밖에도 선교회에 대한 악의적·편파적 내용을 다룬 넷플릭스 '나는 신이다'에도 다수의 자료를 제공한 것으로 추정된다. 이유는 해당 방송에는 내부인이 제공해주지 않으면 얻기 힘든 자료들이 다수이고, 정명석 목사에게 익명으로 협박 편지를 보냈던 김지선의 내연남이 선교회 내에서 사진 및 영상 콘텐츠를 다루는 방송국 국장이었기 때문이다. 이뿐만 아니라, 김지선 일당들은 '나는 신이다'가 제작된다는 것을 약 1년 전부터 알고 있었지만, 정작 이를 저지하기 위한 가처분 신청은 방영일로부터 불과 2주일 전에 신청했다. 검토시간이 불충분하여 기각될 수밖에 없도록 하기 위한 것으로 보인다.

김지선 일당은 '나는 신이다.'가 공식적으로 방영되기 전부터 가편집본을 가지고 있기도 했다. 그리고 방영일로부터 약 3개월 정도 전부터 가편집본을 신도들에게 은밀히 보여주고 다니며, 정명석 목사의 성범죄가 사실인 것으로 믿도록 만들었다.

선교회 내부의 혼란은 점점 가중되었고, 이러한 와중에 2023년 3월 3일에 공개된 넷플리스 '나는 신이다.'는 김지선 일당이 열심히 정명석 목사에 대한 의심의 기름을 뿌려놓은 데 불을 지르는 것과도 같았다.

전방위적으로 일어나는 비난 여론 속에, 당시 김지선의 영향권 안에 있던 선교회는 고통받는 회원들에게 일주일이 넘도록 아무런 대응책도 내놓지 않았다. 그러다가 뒤늦게 입장문을 발표했는데, 저자가 정말 충격받았던 것은 여기에 '정명석 목사는 무죄다! 억울한 누명이다!' 라는 얘기는 단 한 마디도 없었다는 것이었다. 그 대신에 '재판 결과를 받아들이겠다. 하지만 선교회 회원들을 건드린다면 가만있지 않겠다.'라고만 하여서, 마치 정명석 목사가 정말로 죄가 있고 1심 재판이 끝나지도 않은 상황 속에서 이미 정명석 목사의 유죄 판결이 나올 것처럼 예단하는 느낌이 들었다.

배신과 반란의 날!
김지선, 주님의 흰돌 교회 지도자 모임

이렇게 암중에서 은밀하게 음모를 꾸미던 김지선은 이날 자신이 담임목회자로 시무하던 주님의 흰돌교회의 지도자들을 모두 불러 모았다. 이 지도자의 범위에는 현재 교회에서 사명(직책)을 맡은 사람들뿐만 아니라, 본인이 지도자라고 생각하는 모든 사람이 참석할 수 있도록 했다. 그리고 이 자리에서 김지선은 넷플릭스 '나는 신이다'의 내용이 사실이며, 고소인들이 주장과 증거로 제출한 녹취파일도 사실이라고 인정했다.

구체적인 발언으로는 '정명석 목사가 정말로 여신도들을 성추행했고, 정명석 목사는 습벽이 된 성추행을 제어하지 못하는 지경에 있다.', '선교회의 중직자들은 자신들의 욕심으로 이를 은폐하려고만 했고, 이러한 모습에 실망해서 자신과 함께 일하던 20대, 30대 젊은 회원들이 모두 선교회를 탈퇴했다.' 등이 있었다.

　김지선은 이제는 정명석 목사의 성범죄를 모두 인정하고, 선교회를 새롭게 개혁해야 한다고 강력하게 주장했다. 정명석 목사와 전 세계 수많은 선교회 신도가 그토록 신임했고 믿었던 부흥강사이자, 교회의 담임목회자인 김지선이 정명석 목사의 등에 대놓고 칼을 꽂는 순간이었다.
　현장에 있던 주님의 흰돌교회 신도들은 마치 핵폭탄이라도 떨어진 것처럼 정신을 못 차릴 것 같았다고 말했다.

　하지만 이날 김지선의 언행에는 많은 모순점과 거짓이 있었다. 녹화해서 전 세계로 송출할 약 30분가량의 영상에서는 눈물을 글썽이며 호소했지만, 생방송이 끝나고 단상에서 내려왔을 때는 분위기가 사뭇 달랐다. 심각한 내용의 질문에도 뭐가 그렇게 재밌는지 싱글벙글 웃으면서 대답하기도 했고, 자신에게 의문을 제기하는 모 장로에게는 호통을 치며 외려 무렴을 주기도 했다.

　또한 거짓말도 있었다. 김지선과 주님의 흰돌교회 공동 목회를 맡았던 R. 그 R의 부인이 자신도 고백할 게 있다면서 벌떡 일어나서 '과거에도 자신의 대학교 후배가 정명석 목사의 성추행으로 2명이나 자살했다.'라고 말한 것이다. 그러나 선교회에 속해 있으면서 해당 대학교의 학생 중에 자살한 사람은 1명이었고, 그마저도 '성범죄'와는 전혀 상관없는 이유로 자살한 것이었다. 이때 죽었던 여신도의 사촌이 아직 선교회에 남아있어서 사실관계는 금방 드러났고, 발언을 정정하고 사과하라는 신도들의 빗발치는 요구에도 R와 그 부인은 침묵으로 일관하며 잠적했다.

이뿐만 아니라, 김지선이 본인과 함께 일하던 20대, 30대 젊은 신도들이 정명석 목사의 성범죄를 은폐하려는 중직자들에게 질려서 탈퇴했다고 했던 발언도 사실과 달랐다. 실제로 해당 탈퇴 신도들의 얘기는 '이렇게 선교회가 혼란스럽고 어려운 상황 속에서, 선교회의 권력과 재산을 독차지하려는 김지선에게 질려서 탈퇴하게 되었다'라는 것이었다.

그리고 항소심 재판이 막바지를 향해 가고 있는 지금에 와서 살펴보면, 김지선이 사실이라고 했던 홍콩 고소인 A의 녹취파일은 '조작'이라는 것이 만천하에 드러났다.

결국 이렇게 놓고 보면, 이번 정명석 목사 사건은 2인자였던 김지선이 선교회 내부에서 정명석 목사를 몰아내고 조직을 장악하려고 했던 음모였다는 것을 여실히 알 수 있었다.

배신 선언, 그 이후

옥중에 있는 정명석 목사의 등에 칼을 꽂은 이후, 김지선은 자신을 추종하던 교단 사무국장 황 모씨를 통해 판교에 있는 주님의 흰돌교회와 서울과 수도권 지역의 대교회들을 모두 넘기라고 협박했다고 한다. 그러나 정명석 목사가 이를 수용하지 않자, 판교에 있는 흰돌교회만이라도 넘기라고 했는데, 정명석 목사는 이마저도 받아들이지 않았다. 나중에는 형편이 어려워진 김지선 측이 분당에서 문화센터로 사용하고 있던 공간만이라도 넘기라고 하였으나, 결국 이마저도 수용되지 않았다.**(위에 언급된 황 모씨는 23년 1월에 정명석 목사가 교인들에게 전하는 편지를 읽어주면서도 인위적으로 내용을 추가하거나 제외했다고 함)**

또한 김지선과 그 일당은 2023년 3월 12일 이후로 주님의 흰돌교회 3층을 자신들의 공간으로 장악하고, 그곳으로 교인들을 지속 끌어들이고 세 시간, 네 시간, 많을 때는 10시간씩도 정명석 목사를 비난하면서 자신의 말이 사실이라고 주장하며 교인들을 포섭하는 자리를 가졌다.

이들은 보다 많은 교인을 포섭하기 위해서 정명석 목사의 편지가 왔다면서 공개하기도 했는데, 글자마다 펜의 색깔이 미묘하게 다르거나 어딘가에는 오려서 붙인 흔적도 있는 등 누가 봐도 정명석 목사가 직접 쓴 것이 아니라 조작한 것임이 명확해 보였다.

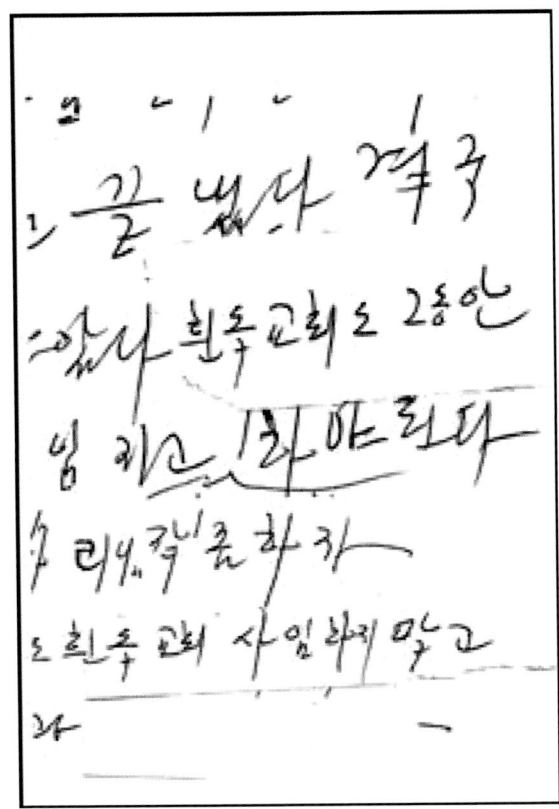

2인자 김지선이 부분부분 오려서 붙인 것으로 추정되는 정명석 목사의 편지

위 사진은 김지선 일당이 공개한 사진의 일부분인데, 종이를 덧대어 수정한 흔적이 여기저기 보인다. 혹은 같은 라인에 색상이 다른 펜을 쓰기도 했고, 심지어는 같은 글자에 색상이 다른 펜을 쓰기도 했다.(청색/검은색이 뒤섞여 있음)

이는 정명석 목사의 친필 편지를 다수 가지고 있을 것으로 보이는 김지선이 여기저기서 급한 대로 찢어서 붙인 것으로 추정된다.

편지의 핵심 내용은 주님의 흰돌교회를 목회하고 있는 김지선에게 사임하지 말고 계속 목회를 하라는 것이다. 그러나 저자가 보기에는 당연히 조작된 편지이고, 이런 식으로 김지선 일당이 교인들을 기망해왔다는 것을 더 확실히 알 수 있었다.

그러나 김지선은 부귀영화를 누릴 새도 없이 구속되고 말았는데, 정명석 목사를 고소한 탈퇴자들은 모두 공통적으로 김지선에 대한 어마어마한 분노를 표출하고 있기 때문이었다.

김지선이 구속된 이후에도 김지선의 측근들은 어떻게든 세력을 유지하려고 부단히 노력했다. 그 중에 하나가 김지선이 구속된 이후에 교단 대표이자 변호사인 Y가 주님의 흰돌교회를 방문했는데, Y는 "선생님이 김지선과 공동목회를 했었던 'R'가 계속 흰돌교회를 맡아서 목회하라고 했다."라는 메시지를 전달한 사건이었다.

교인들 모두 큰 충격을 받았는데, 의문을 품은 한 교인이 옥중에 있는 정명석 목사에게 이러한 상황을 직접 알렸고, 이에 정명석 목사는 본인은 현재 법적인 문제에 집중해야 하는 상황이니, R와 그 일당들에게 문제가 있다면 너희들이 자체적으로 해결하라고 답장을 줬다고 한다.

교단 대표 Y가 가져온 답변과 완전히 다른 기조의 답변이었고, 이에 교인들이 의견을 모아서 Y가 전달한 메시지를 거절했다고 한다.

참고로 이 Y는 이후 챕터에서 다룰 '정명석 목사도 모르게 작성한 합의서'를 통해서 1심 23년형을 만드는데 결정적인 사유를 만들기도 하였으며, 원래 김지선과 긴밀한 관계에 있으면서 새로 휜돌 교회에 부임하게 된 F를 통해서 김지선의 '횡령/배임' 사건을 무마하려고 하기도 했다.

이번 사건을 통해 드러난 김지선의 수많은 경제범죄에 대해서는 다음 장에서 좀 더 자세히 설명하도록 하겠다.

횡령, 부동산 투기 의혹 정점에 선 김지선

2인자 김지선에 대한 횡령 및 배임에 대한 의혹은 22년도부터 제기되었다. 특히 이러한 사실이 알려지게 된 가장 큰 계기는 '용인 주북리 땅 사건'이었다.

김지선은 자신의 남동생인 김모 씨와 내연남인 권모 씨를 차명으로 활용하여 용인 주북리에 땅을 샀다. 그리고 여기에 빌라 건물을 수 채 지었는데, 22년 기준으로 감정가가 51억에 달한다.

그런데 이들은 22년도 어느 날 교회에서 이런 주장을 하기 시작했다. "이 땅과 건물들은 선생님(정명석 목사)이 나오시면 여기에 계시도록 하려고 준비했는데, 월명동에 계셔서 쓸모가 없게 되었다. 그래서 어떻게 할까 선생님께 여쭤보니, 흰돌 교회에 선물로 주겠다면서 이것을 교회에서 매입하라."라는 것이었다.

당시 주님의 흰돌교회 재정위원회와 몇몇 교인들은 이를 매우 수상하게 여겼고, 정명석 목사에게 확인한 결과, 정명석 목사는 김지선 일당이 그 건물을 매입하는데 전혀 관여되어 있지 않다는 것이었다. 또한 그 부동산을 선물로 줄 테니, 주님의 흰 돌교회에서 매입해서 사라는 말도 한 적이 없다고 했다. 김지선이 정명석 목사의 이름을 팔아서 자신이 금전적 이득을 취하려던 작전이 딱 걸린 것이었다. 아마도 부동산 상승기에 무리하게 대출을 끌어다가 투기를 했다가, 대출이자가 급격하게 상승하자 감당하기 버거워진 것으로 추정된다.

그리고 김지선이 선교회에서의 부당한 금전 이득을 취한 것은 이 한 가지 사례뿐만이 아니었다. 주님의 흰돌 교회로 전입을 오려던 교인들에게 수백만 원에서, 많게는 수천만 원의 헌금을 요구하기도 하였고, '상담료' 명목으로도 이와 같은 돈을 요구하기도 하였다. 이 밖에도 과거 교회가 이전할 당시에 수십억 인테리어 공사를 맡겼던 업체가 사실은 김지선의 내연남 권 모 씨의 회사였다는 것이 드러나기도 하는 어둠 속에 묻혀 있던 문제들까지도 드러나기 시작했다.

실제로 김지선은 위에서 언급한 용인 주북리 땅과 건물 외에도 드라마 '스카이 캐슬'로 유명한 용인의 고급 타운하우스 '라센트라'를 소유하기도 하였고(현재는 매각한 것으로 파악됨) 그 밖에도 벤틀리, BMW X5, 캐딜락 등 다양한 외제 차를 보유하고 있기도 하다. 이뿐만 아니라 착용하는 의상과 액세서리들도 모두 고가의 명품들로, 이러한 자산 규모는 검찰의 압수수색을 통해 드러났으며, 1심 판결문에도 적시되었다.

1심 재판부는 2인자 김지선에 대하여, 정명석 목사의 성범죄를 도와주는 대가로 이와 같은 막대한 부를 축적해왔다고 판단했다. 하지만 정명석 목사의 앞으로는 이렇다 할 재산이 없다는 점과 2인자 김지선이 평소에 부리던 온갖 사치 행각들 및 회원들 몰래 뒤에서 저지르고 있었던 횡령/배임 행위들, 그리고 정명석 목사를 몰아내고 자신이 선교회를 차지하기 위해서 준비해 온 여러 정황을 봤을 때, 김지선의 막대한 재산은 정명석 목사와 상관없이 본인의 범법 행위로 축적되었을 가능성이 크다.

2인자 김지선이 소장하고 있는 명품들 일부

지금까지도 이어지는 선교회 내부의 갈등과 혼란

위에서 언급한 김지선의 횡령/배임 범죄는 이 상황에 대해 좀 더 일찍 깨어 있던 몇몇 교인들이 경찰서에 고소했다. 이렇게 김지선과 그 일당들의 경제 범죄들이 밝혀져야, 정명석 목사를 둘러싼 이 사건의 실체도 드러나게 될 터인데…

그런데 저자는 취재하면서 충격적인 사실을 알게 되었다.**(정명석 목사의 사건은 정말 알면 알수록 계속 충격받고 놀랄 만한 일들이 생기는 것 같다.)** 앞에서 언급했던 것처럼 2인자 김지선에 이어서 흰돌교회의 목회자가 됐던 F가 이 사건의 경찰 수사를 무마시키려고 황당한 일을 벌인 것이었다.

사건의 전말은 이러하다. 전 교단 대표이자 변호사였던 Y의 지령을 받은 새로운 담임 목회자 F가 『김지선의 차명으로 의심되는 친동생 김 모씨는 지난 10년간 흰돌교회에서 횡령/배임으로 재산상 피해를 입힌 적이 없다』라는 확인서를 수사기관으로 보냈다. 이때 교인 대표였던 장로 박 모씨 및 다른 지도자들까지도 모르게 은밀하게 교회도장까지 도용했는데, 아무도 모르게 비밀로 하고 있다가 경찰서에서 참고인으로 부른 교인

대표에게 해당 확인서를 보여주면서 그 존재가 알려졌다.

안 그래도 특별 재정감사를 해서 전임자 김지선의 비리를 파내야 한다는 목소리가 거세게 일고 있던 상황에서, 흰돌교회는 발칵 뒤집어졌다.

이 확인서를 목회자 F가 작성하여 경찰에 보냈다는 사실이 처음으로 알려졌던 때는 23년 11월 5일 흰돌교회 재정부 모임에서였다고 한다.

당시 사건을 수습하는 것이 급선무라고 생각했던 재정위원회는 어서 해당 확인서를 취소하는 공문을 수사기관에 보내도록 강력하게 권고했다.

그러나 왜인지 모르겠지만 담임목회자 F는 재정위원회의 권고를 받아들이지 않고, 관련 수사에 대해 어떠한 조치도 하지 않았다. 목회자 F와 가깝게 지내면서 줄곧 자문을 했었던 측근들인 장로 홍 모씨와 김 모씨, 목사 김 모씨와 홍 모씨 등도 오히려 목회자 F의 수사 무마 행위를 옹호하며 이를 문제시하는 교인들을 지탄했다고 한다.(심지어 이들은 23년 7월에 김지선을 흰돌교회 목회자에서 해임시키는 과정에서도 '김지선을 함부로 자극하면 안 된다.'라는 논리로 김지선의 해임을 극적으로 반대하기도 했으며, 김지선을 해임시키는 선교회 최대의 현안에 대해서 목회자였던 F는 당회에 출석조차 하지 않았고, 같은 시간에 교회의 다른 공간에서 개별적인 모임을 갖고 있었다고 한다.)

결국 이 상황을 보다 못한 재정감사 김 모씨가 '사퇴의 변'을 적어서 선교회 교인들 다수가 있는 익명의 텔레그램방에 올리면서, 이 문제는 휜돌교회를 넘어서 보다 많은 선교회 교인이 알게 되었다. 그제야 F는 교인들에게 상황을 해명하고, 수사기관에 확인서 취소 공문을 보내는 조치를 하였다.

한편, F는 전임 교단 대표였던 Y의 지시를 받고 '수사 무마' 행위를 하였다고 했는데, 교단에서는 휜돌교회에 해당 수사가 진행 중인 건에 대해서 『피의자 김대현의 횡령 혐의가 없다는 확인서를 보내라』 이렇게 요청한 적이 없다는 것도 확인되었다.(문제의 Y는 23년 8월까지 선교회 대표직에 있었으며, 문제가 불거졌던 23년 11월에는 교단 대표도 아니었음.)

재밌는 것은 Y와 F의 이러한 충격적인 배신행위가 드러났음에도, 선교회 교단에서는 그 어떠한 인사상의 조치 및 징계도

하지 않았고, 흰돌교회 교인 중에서도 지속적으로 F를 두둔하는 자들이 있었다는 것이다.

과거에 2인자 김지선에 대해서 의혹을 제기하던 이들에게 빛의 속도로 '윤리위원회'를 열어서 제명 등의 징계 조치를 했던 것과는 사뭇 대비되는 모습이었다.

이렇게 정명석 목사를 내부에서 죽이려는 행위들을 목도했으면서도, 그들을 옹호하는 사람들은 도대체 어떤 사람들인가? 모순적이게도, 그들 중에서 대놓고 '정명석 목사의 성범죄는 사실이다!'라고 말하면서 2인자 김지선에게 동조하려는 이들은 단 한 명도 없었다. 모두가 정명석 목사를 위한다고 한다.

심지어 정명석 목사의 위임장도 없이, 정명석 목사에게는 비밀로 하면서 당사자 의사에 반하는 합의서를 쓴 Y도 겉으로는 '정명석 목사를 위한다'라고 하고 있다.

저자는 이 부분을 놓고 깊이 고찰했다. 실제로 몇 명은 위에 해당되는 인물들을 만나서 직접 얘기해보기도 하였다. 그렇게 해서 저자가 내린 결론은 아래와 같다.

아! 정명석 목사에게 성범죄 누명을 씌워서 제거하려는 진짜

흑막이 있고, 나머지 사람들은 정명석 목사를 구하고 싶어하는 마음은 있지만, 이 '흑막'들에게 속아서 분별하지 못하고 놀아나고 있는 것이구나!

이 분별하지 못하는 교인들은 정명석 목사를 구하기 위해 본인들의 돈도 쓰고, 시간도 쓰고, 그렇게 마음고생을 해가면서도, 실상은 정명석 목사를 죽이는 행위를 하고 있었다.

이 얼마나 비극적이고 안타까운 일인가….
그리고 사랑하는 제자들의 손으로 점점 더 어려운 형세를 맞게 되는 정명석 목사는 도대체 무슨 죄라는 말인가?

하지만 비 온 뒤에 땅이 굳어진다고, 이런 어려움을 이겨내고 선교회 내부에서 부패했던 이들의 문제를 해결하고 나면, 오히려 전화위복이 될 것이다.

반(反) 선교회 활동가 K와의 커넥션

이번 정명석 목사 사건이 다른 여타의 성범죄와 크게 다른 점은 바로 고소인들의 배후에 있는 '반 JMS 활동가'라는 K와 그를 추종하는 세력들이 있다는 것이다.

작년부터 매스컴에 다수 출연해온 K는 일견 정의의 사도 같은 모습을 보여주고 있지만, 사실은 수십 년 전부터 선교회를 대상으로 '사과'와 '협박', 그리고 '돈 요구'를 반복해오고 있는 인물이었다. 그리고 이를 바탕으로 다수의 범죄 전과를 갖고 있기도 했다. 또한 K의 제보를 받고 선교회에 대한 악의적·편파적 방송을 했던 모 방송사는 허위의 내용인 것이 판명 나서 선교회에 대한 손해배상 및 앞으로는 이 K의 제보를 받지 말 것을 법원에서 판결하기도 하였다.

민감할 수도 있는 사항이지만, 정명석 목사 사건에 관련하여 작년 한 해만 해도 수백 건의 기사에 이름을 올리고 뉴스를 포함한 다수의 TV프로그램에 출연한 K는 관련 사건에 대해서 이미 '사회적 공인(公人)'의 지위에 있는 상황이다. 그런데 이 K 자체가 의혹이 있다면 온 국민이 관련 사건에 대해 거짓된 정보를 들으며 기만당하고 있는 상황이기 때문에, 저자로서는 우리나라 국민의 알 권리를 위해 확실한 관련 내용을 담기로 했다. 저자도 겉으로 보여지는 모습과는 달리, K의 과거 행적에 대해 알게 되었을 때는 큰 충격을 받았다.

저자가 확인한 자료들은 K의 친필 반성문으로 공증도 되어 있는 것이고, 어떤 것들은 인감증명서를 첨부하기도 했다. 수십

억을 요구하는 그 현장의 공증된 녹취속기록까지도 있었다.

다음 장에 나와 있는 편지[16]는 K의 여러 편지 중에 1999년도에 작성된 것으로, 핵심 요지는 '정명석 목사에 대해 내가 잘못 알았다. 근거 없는 소문들이었고, 누군가가 선교회를 혼란시키려는 음모였다. 진심으로 반성하고, 다시는 정명석 목사와 선교회를 비방하지 않겠다.'라고 하고 있다.

이렇게 해서 공증까지 받았고, 당시 K는 자신의 반 JMS 활동을 정리하는데 필요하다면서 1억 원이라는 거액을 받았다.(참고로, 현재 26억에 달하는 강남 34평형이 당시에는 1억 8천이었다.) 그러나 K는 돈을 받은 이후에도 비방 활동을 지속하며 계속 돈을 요구해왔고, 지금까지도 공탁을 걸라면서 돈을 요구하고 있다. 방송에서 점잖게 나온 것과 사뭇 다른, 이중적인 모습이라고 할 수 있겠다.

---

16 본 편지는 반 선교회 활동의 대표였던 김 모씨가 정명석 목사와 선교회를 대상으로 공식적으로 사과하고 공증까지 받은 공문서의 특성을 띠고 있으므로, 정명석 목사 사건과 관련하여 국민이 알 권리를 위해 민감할 수 있는 개인정보를 삭제하고 공개하는 것이다.

반성문

성명:
주소:
본적:

본인은 현재 ☐☐☐☐☐에서 박사과정을 밟고있는 ☐☐☐입니다.

본인은 그동안 인터넷에 개인적으로 홈페이지를 개설하고 또 동료등의 도움을 받으면서 국제크리스천연합의 정명석 총재와 그 형제들 그리고 간부들과 여러명의 여신도들에 대하여 간음,매춘,강간,낙태등 각종 추문을 실어 동인들의 명예를 훼손한 점에 대하여 깊이 반성하면서 이 반성문을 제출합니다.

제가 이러한 홈페이지를 개설하여 이러한 행

반 JMS 활동가 K의 반성문

…을 하게된 동기는 현대종교등 잡지와 교단에서 탈퇴한 사람들의 이야기나 풍문을 듣고 의로운 일이라는 생각에서 시작하였습니다. 그러나 그러한 소문이나 기사등이 실제로는 책임지고 나서서 발언하는 사람들이 전혀 없는 것을 알게되고 그래서 근거없이 만들어 내는 말들이며 그뒤에 교단을 혼란시키려는 불순한 동기도 숨어있다는 것을 알게되었고 그래서 이번에 모든 것을 청산하고자 이 반성문을 쓰게 된 것입니다.

저는 교단에 신도로 참여하여 정명석 총재를 멀리서 본적은 있으나 개인적으로 전혀 모르는 사람이며 또한 이번에 고소인으로 이름이 오른 여러 여자분들도 개인적으로는 전혀 알지 못합니다. 이러한 분들이 저로 인하여 씻지 못할 불명예를 입고 깊은 상처를 입게 된 데 대하여 진심으로 사과를 드립니다.

본인은 이번에 고소를 당하고 저도 고소를 하…

반 JMS 활동가 K의 반성문

였읍니다만 진상을 알고나서 우선 반성부터 하는 것이 도리라고 생각하여 이 반성문을 쓰는 것이며 이는 저의 진심에서 우러나오는 반성이므로 다시는 번복하지 아니할 것입니다.
또한 다시는 이러한 행동을 하지 않을 것을 맹세하며 저를 고소한 여러분들께서도 저의 진심을 알고 저를 용서하여 주시기를 간청하는 바입니다.
이 반성문을 작성함에 있어 다시 이러한 일이 재발할 때에는 어떠한 처벌도 감수하겠다는 점을 확인하기 위하여 기꺼이 공증에 응하고자 합니다.

1999. 11. 5

반 JMS 활동가 K의 반성문

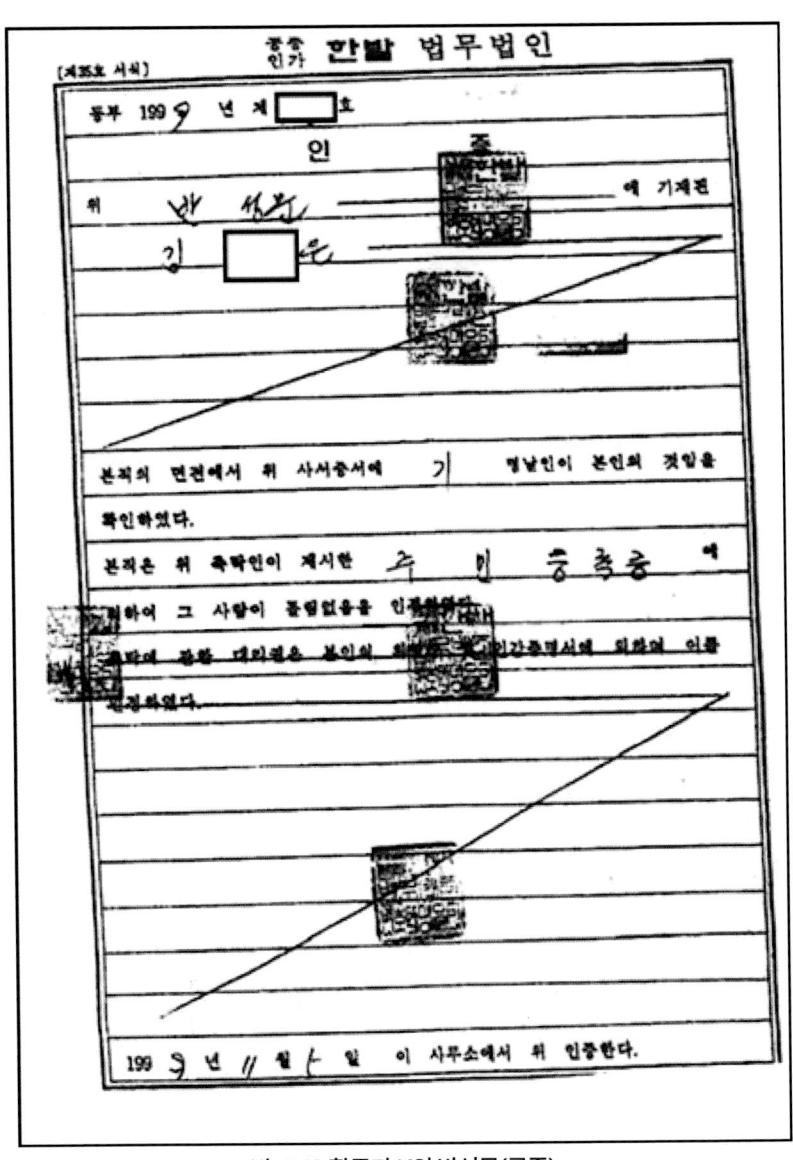

반 JMS 활동가 K의 반성문(공증)

재미있는 것은 K의 자료에는 K가 선교회 내부에서 여러 파벌들이 존재한다는 것을 알고, 이것을 이용하여 이득을 취하는 듯한 모습을 보여준 것이었다.

물론 K가 했던 여러 얘기가 신빙성이 떨어지거나 사실이 아닌 것으로 판명난 얘기들도 많아서, 이 말들을 무조건 믿기는 어렵겠지만 지금까지 선교회를 취재한 정황을 살펴봤을 때는 정말로 사실일 수도 있겠다는 생각이 든다.

이번 사건에서도, 김지선과 그 측근의 인사들은 주변 사람들에게 'K가 지금 하나님이 쓰는 의인일 수도 있다.', 'K를 통해서 하나님이 선생님(정명석 목사)을 치셨다.'라는 얘기를 하기도 했다고 한다.

선교회는 그동안 K와 수십 년 동안 갈등을 겪고 있는데 2인자였던 김지선이 이런 말을 한다는 것은 이해할 수 없는 일이다. 하지만 지금까지 취재를 통해서 알게 된 김지선의 행보를 보면, 정명석 목사에게 누명을 씌우고 선교회를 장악하기 위해서 K와 함께 이번 일을 계획했을지도 모르겠다는 생각이 든다. 현재는 방조범으로 몰려서 7년 선고를 받은 것을 보면, 또 배신의 배신이 일어난 것 같긴 하지만…

점점 드러나고 있는 진실은 너무나도 충격적이고 잔인하다.
끝까지 믿어줬던 제자들의 배신!

그러나 그 진실은 언젠가 반드시 밝혀진다고, 저자는 굳게 믿고 있다.

월명동 자연성전을 방문한 일본인들

07

정명석 목사를 '죄인'으로 만든 문제의 합의서

'합의'는 곧 '죄'를 인정

　우리나라의 사법 제도상 고소인과 피의자는 상호 간에 의견을 조율하여 '합의'할 수 있다. 이렇게 될 경우, 양측 모두 소송 비용과 시간을 아낄 수 있다는 장점이 있다. 또한 피의자 입장에서는 '합의금'이라는 경제적 비용 지출을 통해서 '징역형'이라는 사법적 리스크를 피할 수 있다.

　그러나 정명석 목사처럼 억울한 범죄 혐의를 받고 있다면 합의를 해서는 안 된다. 합의는 곧 범죄 사실을 인정한다는 것이기 때문이다.

　정명석 목사는 재판이 진행되는 동안 성범죄 혐의에 대해서 일관되게 무죄를 주장하고 있다. 그런데 2023년 4월 18일 MBC 'PD수첩'을 통해서 방송에 '합의서'가 나왔고, '나는 신이다'를 연출한 조성현 PD는 각종 언론 매체에 출연하여 "합의서 자체가 성범죄를 인정하는 명백한 증거"라고 강조했다.

　이 합의서는 정명석 목사가 구속된 뒤, 2022년 11월 15일에 前 선교회 교단 대표이자 이번 정명석 목사 사건에도 선임되어 있는 변호사 Y가 정명석 목사를 대리하고, 현재 재판 진행 중이 아닌 외국인 여성 두 명을 대리하여 반 JMS 사회활동가라는 K가 작성했다.

3개 항으로 구성되었으며, 피해자 여성을 대리하여 성범죄 피해 사실을 형사고소 하지 않는 조건으로 합의금 각 3억 원을 지급한다는 내용이다.

이 금액은 전액 현금으로 전달되었으며, 정명석 목사 사건의 방조 재판에 1심 판결에서 해당 합의서를 증거로 채택하면서 K가 YTN 뉴스에서 공개하였다.

변호사 Y가 작성한 합의서 관련 YTN 뉴스 화면

합 의 서

갑 : ▨▨▨
　　국 적 : ▨
　　생년월일 : ▨▨▨
　　여권번호 : ▨▨

갑의 대리인 : ▨

을 : 정명석
　　국 적 : 대한민국
　　생년월일 : 1945년 2월 17일

을의 대리인 : 변호사 ▨

갑의 대리인과 을의 대리인은 갑과 을을 대리하여 다음과 같이 합의한다.

다 음

1. 갑이 을로부터 입은 성(性)적인 피해에 대하여 을은 갑에게 금 3억 원을 지급한다.

정명석 목사의 위임장 없이 변호사 Y가 작성한 합의서

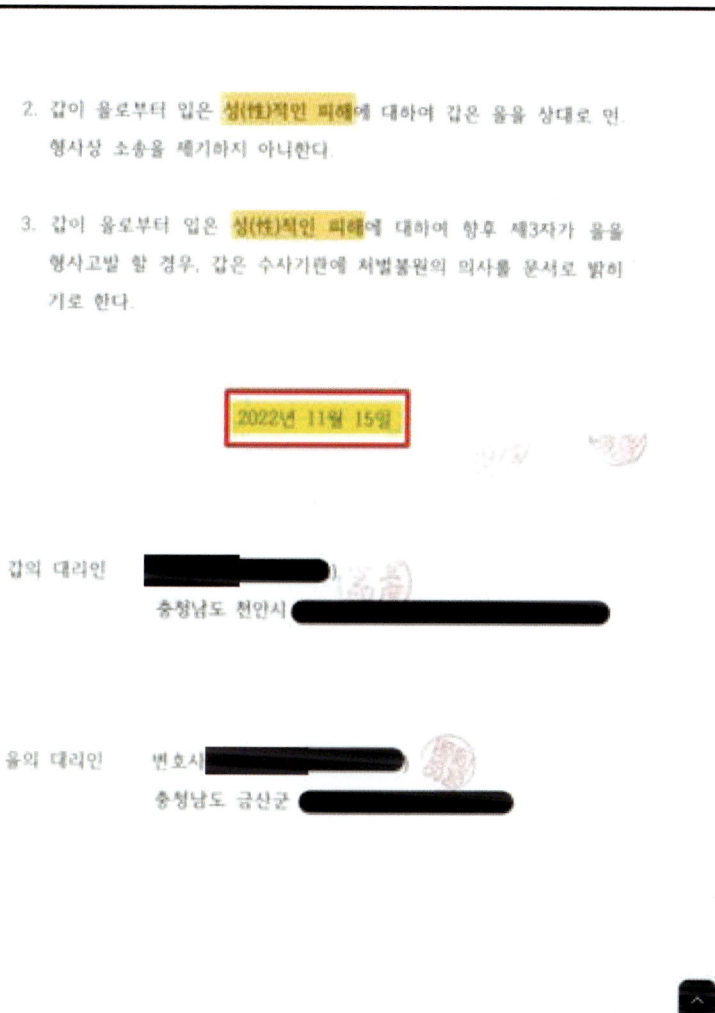

2. 갑이 을로부터 입은 성(性)적인 피해에 대하여 갑은 을을 상대로 민, 형사상 소송을 제기하지 아니한다.

3. 갑이 을로부터 입은 성(性)적인 피해에 대하여 향후 제3자가 을을 형사고발 할 경우, 갑은 수사기관에 처벌불원의 의사를 문서로 밝히기로 한다.

2022년 11월 15일

갑의 대리인 ( ).
충청남도 천안시

을의 대리인 변호사
충청남도 금산군

정명석 목사의 위암장 없이 변호사 Y가 작성한 합의서

제보자가 제공한 합의서를 자세히 들여다보면, 의문점이 한 둘이 아니다.

첫째, 일단 당사자의 위임장이 있어야 합의서가 효력이 있는 것인데, 이 합의서에는 정명석 목사의 위임장과 피해자라고 하는 외국 여성들의 위임장이 없다.

특히 정명석 목사는 경찰 조사에서부터 계속 일관되게 무죄를 주장하고 있는데, 저자가 생각했을 때 아무리 다른 사건이라 하더라도 성범죄를 인정하는 합의서를 작성할 리가 없다. 만약 정말로 정명석 목사가 이 합의서를 작성했다면, 이건 법적으로 자살행위를 한 것이나 마찬가지다. 처음부터 무죄 변론을 해서는 안 되는 것이었다.

그러나 확인한 바에 의하면, 정명석 목사는 해당 합의서의 존재에 대해서 전혀 모르고 있었다고 한다. 변호사 Y도 자신이 정명석 목사의 위임장 없이 합의에 임한 것이 맞다고 자백한 것으로 알려졌다.

도대체 Y는 왜 정명석 목사의 의사와는 무관하게, 정명석 목사도 모르게 이런 수상한 합의서를 작성한 것일까? 그리고 이렇게 중요한 사안에 대해서 왜 다른 변호인들에게는 비밀로 한 것일까?

둘째, 합의서는 K가 피해자라고 하는 외국 여성들의 대리인으로 작성했다. 법률상담 및 대리인 자격으로 합의서를 작성하는 것은 변호사가 할 일인데, 왜 변호사가 아닌 K가 법률대리인으로 합의서를 작성한 것인가? **변호사법 위반**이 심히 의심되는 상황이다.

K의 변명으로는 공증을 맡은 법무법인 봄이 성피해를 주장하는 여성들의 법률대리인도 맡고 있어서 부득이하게 합의서를 공증할 때 자신이 해당 여성들의 대리인으로 이름을 올리게 되었다고 한다.

하지만 말도 안 되는 주장인 것이, 대한민국에 공증사무소가 얼마나 많은데, 왜 굳이 공증을 해당 여성들의 법률대리를 맡은 법무법인에서 진행해야 했나? 아니면 해당 여성들의 법률대리를 다른 법무법인에서 맡고, 법무법인 봄이 공증을 하던가.

셋째, 법무법인 봄은 K가 과거 사건에서 정명석 목사를 고소할 때 선임했던 변호인이며, 당시에도 고소인들의 배후에 있던

K는 선교회에 합의금으로 20억 원을 요구했던 충격적인 사실이 있다. 이에 관련해서는 공증된 속기록과 K의 인감증명서가 첨부된 자필 편지가 증거로 남아있다.

그 밖에도 1999년에는 자신이 정명석 목사에 대해 오해를 했으며, 정명석 목사에 대한 성추문은 근거 없는 소문이었다 얘기한 반성문도 있다. 이 반성문은 법적으로 공증까지 받았다. 그런데도 정 목사에 대한 비방을 지속하며 돈을 요구해왔다.

이번 정명석 목사 사건에도 K는 선교회 측에 공탁금을 걸라면서 돈을 요구하는 모습이 포착되었는데, 언론에 나와서 정의감에 불타서 자신의 사비로 고소인들의 법률비용을 전액 지원했다는 모습과 사뭇 대조된다.

저자는 취재를 하면서, 고소인들의 배후에 있는 K가 거액의 합의금을 노리고 이번 사건을 벌였을지도 모르겠다는 생각을 하게 되었다. K는 이미 과거부터 수년 동안 선교회를 상대로 이런 식으로 협박과 합의를 통한 금전 요구를 반복해왔기 때문에, 충분히 합리적인 의혹이라는 생각이 든다.

언론에 포장된 정의로운 모습과는 달리, 과거에 전과도 여러 건 있다는 것이 확인되었다.

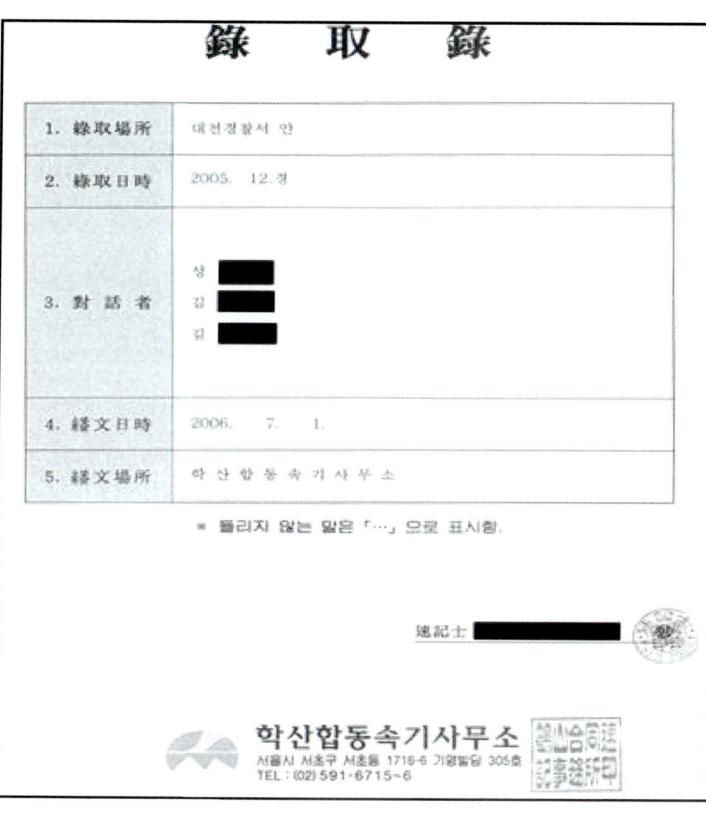

과거 정명석 목사 사건 관련된 K와의 녹취록 中

넷째, 합의서가 방송에 유출된 상황에 대한 변호사 Y의 대응이다. 형사 사건과 관련된 '합의'는 당사자들에게 굉장히 민감한 사항이며, 너무나 당연하게도 쌍방 모두 대외적으로는 기밀을 지키게 되어 있다.

그런데 이 합의서에는 '비밀유지조항' 같은 것은 눈을 씻고 봐도 찾아볼 수 없다. 무려 6억이 오가는 합의서인데, 향후 갈등이 생길 시 어떻게 조정한다는 내용도 전혀 없다.

그리고 K가 합의서를 PD수첩에 유출했을 때, 변호사 Y는 이에 관해서 어떠한 법률 조치도 하지 않았다. 해당 합의서가 버젓이 방송에 나왔는데도, 오히려 찾아와서 항의하는 교인들에게 '합의서를 썼는지 안 썼는지는 말해줄 수 없다.'라는 황당한 변명만 내놓을 뿐.

그렇게 유야무야 넘어가다가 2023년 10월 방조 사건 판결문에 해당 합의서의 존재가 드러나자, 그제야 본인이 정명석 목사 몰래 합의서를 작성했다는 것을 인정하고 이번 사건의 변호인에서 사임하였다. 그리고 본인이 책임지고 이 사건을 해결한다고 선교회 교인들에게 입장을 밝혔는데, 그로부터 8개월이 지난 지금까지도 문제해결을 위해 아무런 조치도 하지 않았다고 한다.

(다) 또한 아래 사진에서 확인되는 바와 같이, 검찰은 2023년 3월 24일 DL와 G 사이에 작성된 2022년 11월 15일자 「합의서」를 압수하였는데(증거기록 6권 3043쪽), 합의서의 주된 내용은 'G이 DL에게 300,000,000원을 지급하되, DL가 G을 상대로 민형사상 소송을 제기하지 않는다'는 것이며, 같은 날 공증인가 법무법인 'DQ'에서 인증까지 받은 문서로 확인된다(증거기록 6권 3060쪽). 위 합의서에 기재된 내용이나 합의금의 규모에 비추어, G이 DL 상대로 DL의 의사에 반하는 신체적 접촉을 시도한 것으로는 추단되고, 법률상 처분문서에 기재된 내용이 위 C의 진술과 객관적으로 부합하는 사정을 고려하면, C의 위 진술 또한 신빙성이 높다. C이 G으로부터 입었다는 성폭력 피해의 발생일시나 장소, 피해 경위 역시 AO의 이 부분 피해 진술과 구체적으로 부합한다고 봄이 타당하다.

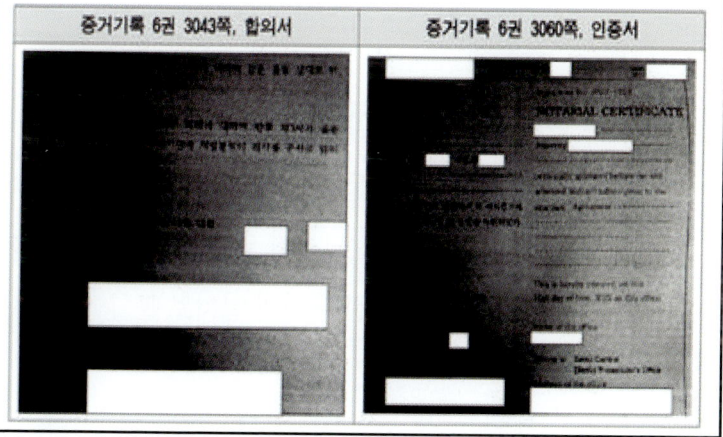

방조 사건 1심 판결문 중 합의서 관련

정녕석 목사를 '죄인'으로 만든 문제의 합의서

다섯째, 합의서의 당사자 중에 미국인 여성은 과거 21년도에 이미 정명석 목사를 성범죄로 고소했었다고 한다. 그런데 당시에는 경찰 조사에도 출석하지 않고 고소취하장을 내서 사건이 무혐의로 종결되었다고 하는데…

아니, 그런데도 굳이 또 합의서를 작성해서 3억 원이라는 거액의 합의금을 줬다는 말인가?

저자는 왜 이런 사람을 대상으로 합의를 했는지 매우 수상하다는 생각이 들었다. 그런데 더욱 수상한 점은, 당시에도 이 사건을 맡았던 경찰관이 1심에서 핵심 증거물인 '현장 녹취파일'을 삭제했던 '조 모씨'였다는 것이다!

2021년도에 정명석 목사를 고소했던 외국 여성에 관련 사건을 조 모씨가 맡았고, 2022년에도 정명석 목사를 고소했던 외국 여성들에 관련 사건을 또 조 모씨가 맡았다. 심지어 근무지 위치도 다른데. 이걸 과연 단순한 우연의 일치로 볼 수 있을까?

이미 앞에서 설명했듯이, 조 모씨는 녹취파일 삭제와 관련하여 위증으로 추정되는 다수의 거짓말을 하였다.(자신이 고소자 A의 신변 보호 경찰이라는 둥, 아이클라우드 계정을 로그아웃

하고 삭제했는데 녹취파일이 삭제됐다는 등) 또한 관련하여 압수 조서도 허위로 작성했다고 실토하기도 했다.

정명석 목사는 무죄! '합의'는 용납 못해

저자는 2008년 과거 정명석 목사의 재판에 대해서도 살펴보다가, 정명석 목사가 억울한 선고를 받게 된 놀라운 단서를 발견하게 되었다. 이때도 바로 '합의'였다.

이때 재판에서도 정명석 목사는 중국 공안에서 이미 관련 사건을 무혐의 처분을 내렸었는데, 중국은 성범죄자들에게 '사형 선고'까지 내릴 정도로 엄중하게 사안을 처리한다. 이를 감안하면, 중국에서의 완전 무혐의 처분은 정말 놀라운 결과라 하지 않을 수 없었다.

그리고 한국 재판에서도 경찰병원의 진료 소견으로는 고소인들에게 성피해의 흔적이 전혀 없을 뿐만 아니라, 그 주장하는 바가 의학적으로 불가능하다는 증언까지 했던 상황이었다.

심지어 같은 사건 현장에 있었던 고소자들의 진술이 서로 엇갈리고, 고소자 중 한 명은 어머니와 함께 법정에 출석하여 양심고백까지 했었다.

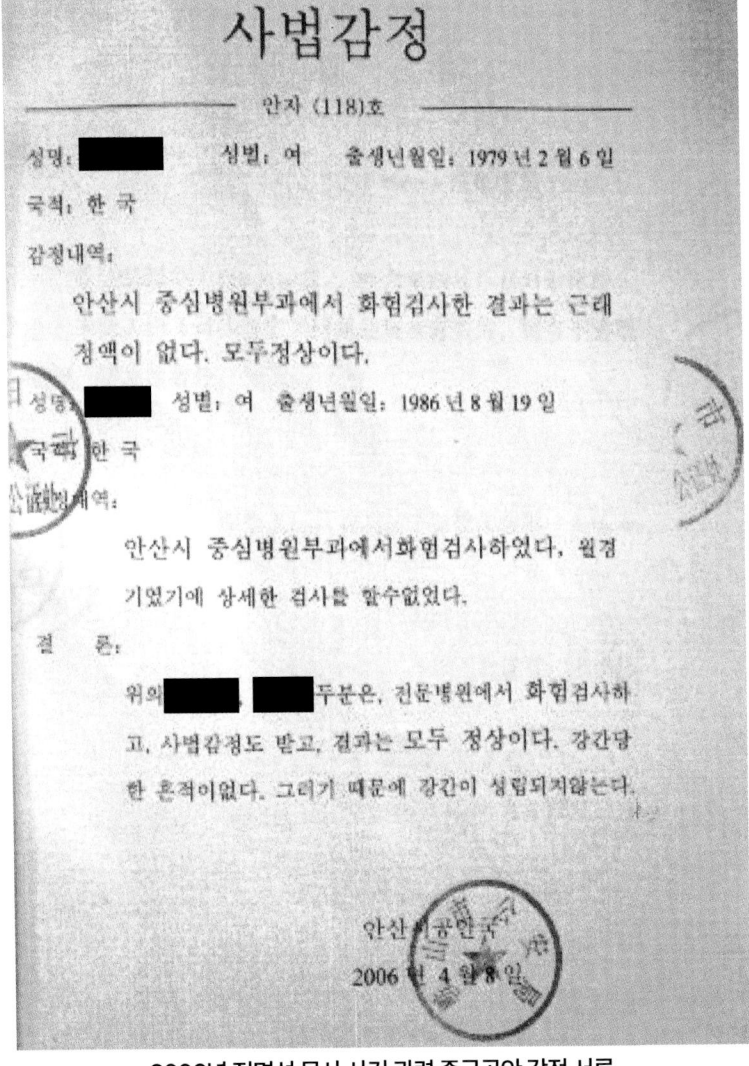

2006년 정명석 목사 사건 관련 중국공안 감정 서류

당시에도 1심에 6년이 나왔던 것과는 달리, 삼성특검으로 유명했던 조 모 변호사가 변호인으로 들어오면서 항소심은 '무죄선고'를 코앞에 두고 있었다. 그런데 변호사 중에서 함 모 변호사가 뜬금없이 고소인과 합의를 하겠다며 '선고기일 연기신청서'를 제출했다.

그리고 이 틈을 타서 누군가에 의해 판사에게 정명석 목사의 성범죄를 인정하게 하는 자료가 전달되었고 이로 인해 판사의 인식이 부정적으로 전환, 1심보다 오히려 형이 늘어난 징역 10년을 선고했다.
뒤늦게 죄를 인정하는 모양새라, 무죄나 집행유예를 생각하던 재판부 입장에서는 완전히 속았다는 느낌을 받았을 것 같고 이러한 행태가 괘씸하게 여겨지지 않았나 싶다.

저자는 계속 취재를 하면서 이번 사건에서도 합의서가 과거 사건과 겹쳐 보였는데 그것은 바로 정명석 목사를 함정에 빠뜨리려는 모종의 음모였다.

Y가 작성한 합의서는 정 목사의 1심 재판에 막대한 영향을 주었고, 해당 판사는 23년을 선고했다. 2008년도의 합의 시도는 10년형을 만들었고, 2022년도의 합의서는 2023년에 묘하

게도 연도와 똑같은 23년 징역을 선고했다. 참으로 개탄스러운 일이다.

그런데 최근 정명석 목사의 재판을 3차 참관하면서, 현 재판에서도 합의를 주장하는 변호사가 있다는 제보를 받았다. 이들은 처음부터 정명석 목사의 무죄가 불가능하고, 형량을 줄이는 방법으로 변론해야 한다고 주장했다. 그러나 정명석 목사의 경우에는 이미 과거에도 성범죄 관련하여 유죄 선고를 받은 전력이 있기에, 아무리 형량을 낮춰도 15년 이하로 낮추는 것은 어렵다는 의견이 지배적이었다. 그리고 돈을 주며 문제를 해결하면, 추가 고소인들에 대해서는 어떻게 할 것인가?

무엇보다, 지금까지 저자가 취재를 하면서 본 느낌은 정명석 목사는 정말로 억울한 누명을 쓰고 있을 가능성이 크다. 그런데 합의하여 죄를 인정하게 되면, 자신이 저지르지도 않은 성범죄로 인해 그 명예가 실추되고 따르는 선교회의 수많은 교인도 신실하게 해온 신앙을 부정당하게 되는 것이다.

저자는 열 명의 도둑을 놓치더라도 한 명의 억울한 사람을 만들어서는 안 된다고 생각하기에, 정명석 목사 사건의 진실이 정말로 명명백백 밝혀지기를 원한다. 그리고 배후에서 정명석 목사에게 누명을 씌우기 위해 음모를 꾸민 '진짜 범죄자들'이 있다면, 반드시 이들에 대한 실체도 드러나 법의 심판이 있기를 기대한다.

정명석 목사의 무죄를 주장하는 보도 내용